会計記録の研究

工藤栄一郎 [著]
Eiichiro Kudo

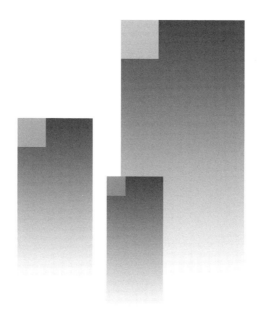

中央経済社

まえがき

　大学院に入ったときを研究の出発点とすると，もう30年の年月が経ったことになります。けっして短い時間とはいえませんが，自分が何を研究すべきなのか（正直にいえば，何を研究しているのか），そしてそれをどう楽しんでいるのか（その意義をどのように自分なりに受けとめているか）を自覚するようになったのは，じつはそれほど以前のことではありません。偶然なことですが，この数年間，そのことを考える機会を学会報告というかたちで，しかも複数回にわたって，得ることができました。その機会を得たことで，やっと研究のおもしろさや意義を理解し，自分が研究すべきことは何であるかを自覚しはじめたことになります。

　本書は，「人は何を，なぜ，そしてどのように会計記録をおこなってきたのか」という問題意識をもってまとめたものです。しかし，設定された問題はあまりに大きく，説得力に満ちた答えを出すことは，私のような浅学非才な者にはとうてい不可能です。それでも，できるだけわかりやすいように，会計学とは直接に関連を有さないものも含めて，先行研究の成果を「編集」しながら，会計記録の生成と展開に関する「物語」を紡ごうとつとめました。本書によって，あらたな意匠による会計学研究の一片が「創発」されればと願います。

　これまで筆者は多くの方からのご指導・ご教示をいただいてきています。何よりもお二人の指導教授に感謝の意をあらわしたいと思います。土方久先生（西南学院大学名誉教授）からは，大学院進学以降，アカデミックな世界の作法や常識などにまったく無知であった筆者に対し，文献資料の読み方にはじまり，参考文献の調べ方，文章の書き方など，文字どおり研究者として持つべきリテラシーを身につけることから教えていただきました。また，学部時代に徳賀芳弘先生（京都大学教授：当時は熊本商科大学講師）と出会ったことは筆者にとっ

て幸運でした。大学院進学をすすめていただき，ご自分の研究時間を削ってまで大学院受験の指導をしていただいたことがすべてのはじまりでした。とりわけ研究に心が向かなかった頃，「会計学以外の本もたまには読みなさい」とおっしゃっていただいた意味がようやくわかるようになった気がします。勉強が好きでもなく，ましてや勉強がそれほどできるわけでもない筆者が，拙いながらも本書をまとめることができたのは，お二人の先生のご指導とそこから豊かに広がっていった研究ネットワークのおかげです。

　市場性に乏しいこのような本の出版を決定していただいた中央経済社の代表取締役会長の山本　継氏，また前著に続きお世話いただいた取締役専務の小坂井和重氏をはじめとする同社のみなさまに感謝申し上げる次第です。

　2015年4月13日

工　藤　栄一郎

目　　次

まえがき

序　章　会計記録研究の意義 ―――――――――1
　1　会計記録の意義・1
　2　本書の目的と構成・8

第1章　会計記録の本質 ―――――――――――13
　1　はじめに・13
　2　会計記録の本質・14
　3　記録の手段と様式の多様化・17
　4　会計における記録の意味・33
　5　むすび・34

第2章　公証人制度と会計記録の社会的意義 ――39
　1　はじめに・39
　2　中世イタリアにおける公証人と公証力の源泉・40
　3　公証人の社会的存在と記録社会・41
　4　公証人と会計記録・44
　5　会計記録の新しい担い手・47
　6　むすび・48

第3章　商人教育と会計リテラシー ―――――――51
　1　はじめに・51

2　中世末期イタリアにおける商人のリテラシー・52
　　　3　近世日本における商人のリテラシー・59
　　　4　む す び・63

第4章　勘定記録の生成 ―――――――――――65

　　　1　は じ め に・65
　　　2　現存する主要な会計記録・66
　　　3　1211年の勘定記録に関する先行研究・70
　　　4　勘定記録の内容とその検討・76
　　　5　む す び・86

第5章　複式記入の実践と記録様式 ―――――――89

　　　1　は じ め に・89
　　　2　複式記入の展開・90
　　　3　複式記入とその検討・94
　　　4　む す び・99

第6章　会計記録の知識化とその普及 ―――――101

　　　1　は じ め に・101
　　　2　印刷革命と知識の拡散・102
　　　3　『スンマ』の意義・105
　　　4　16世紀における会計知識の普及・110
　　　5　む す び・115

第7章　会計記録手続きの論理 ――――――――117

　　　1　は じ め に・117

2　『スンマ』における仕訳手続きの説明・118
　　　3　仕訳の一般法則の形成・120
　　　4　会計記録に関する論理の展開・134
　　　5　むすび・145

第8章　教育制度の充実と会計記録に関する論理の深化 ―147

　　　1　はじめに・147
　　　2　商業教育の充実と会計知識の普及・149
　　　3　フォルサム簿記理論の基礎概念・153
　　　4　むすび・167

第9章　西洋式会計記録の移転と普及 ―169

　　　1　はじめに・169
　　　2　近代国家の建設と西洋式会計記録・170
　　　3　教育制度の整備と会計記録知識の社会化・175
　　　4　むすび・176

第10章　会計記録理論の展開 ―179

　　　1　はじめに・179
　　　2　わが国固有の会計記録理論の形成・180
　　　3　会計記録理論の基礎・198
　　　4　むすび・200

■参考文献・203
■索　　引・223

序　章

会計記録研究の意義

1　会計記録の意義

(1)　歴史叙述と編集

　20世紀から21世紀へと時間が進んでいく頃から会計の変化が著しい。とりわけ財務会計の領域では革命的ともいえる変化が進行しているといえるだろう。その著しい変化とは，会計の主要な役割として，「評価」が最前面に登場してきたということである。

　こんにちの財務報告に求められていることは，投資家の意思決定に資するため，貸借対照表項目を中心に適正な評価，すなわち公正価値を付して，企業価値を計算し表示することである。そしてその公正価値の適用範囲は拡大する一方であり，それをもって会計の有用性と位置づけている。まさに21世紀の会計は評価の時代としてはじまったといっていいだろう。

　だが思い起こせば，19世紀の後半にわきおこった会計をめぐる社会的な論争の対象となったのは，評価そのものであったことを忘れてはならない。1861年のドイツ一般商法典は，財産目録と貸借対照表において表示される財産について，その作成のときにこれらに付すべき価値でもって評価するよう規定した[1]。「付すべき価値」という表現の意味内容が不明であったため，その解釈をめぐって評価論争の起点となった。債権者保護にかなうように，企業の支払能力

を表示するためさまざまな時価の適用についての議論が繰り広げられた。しかしその後，「正規の簿記の諸原則（GoB）」に基づいて，複式簿記による帳簿記録から貸借対照表が誘導されることを根拠にして，すべての資産が取得原価で評価されることの合理的説明がなされ，半世紀あまりにわたる評価論争は一応の収束をみたのであった。

このような結果，イギリスの勅許会計士であり，会計学としては最初期に大学（バーミンガム大学）での教授ポジションを得たディクシー（Lawrence R. Dicksee）が，20世紀の初めに，「会計の本質が金額による評価の営みであるという前提をもってはじめることは基本的に誤りである」（Dicksee [1921] p.1）と記述したのは，価値評価の問題が解消した当時のこのような経緯があるからかもしれない。

しかし，ディクシーは，次のように続けている。「会計とは，その本質において，過去に実際に生じた出来事を叙述（narration）する営みである」（Dicksee [1921] p.1）と。この言説が意味するところを掘り下げて考えようとするのが本書の問題意識の起点である。

19世紀後半からの評価論争は，財産目録や貸借対照表作成に際しての，つまり，他者に提示されるべき情報の作成をめぐるものであった。すなわち，財務報告である。だが，会計という人類の営みは，財務報告の実践が生まれるずっと前から存在している。もっとも，どのような営みをもって会計と定義するかによるが，所有あるいは支配する価値のあるものとその変動を，その実体から離れて別の媒体において記録するという行為は，会計のもっとも原初的な機能の1つであることは疑う余地がない。

ディクシーのいう「実際に生じた出来事を叙述する営み」は，換言するなら，「歴史」を記述することにほかならない。その意味において，会計が古くから備えている機能は，人や組織などがおこなった経済的活動に関する歴史を叙述

---

1 このドイツ一般商法典を起点にした，いわゆる価値論争については，土方 [1986] などを参照のこと。

すること，すなわち記録することであるといえる。

　ところで，「歴史」ということばをヨーロッパの言語に求めると，historia（ラテン語），histoire（フランス語），storia（イタリア語），historia（スペイン語），そして Geschichte（ドイツ語）となる。これらのいずれもがその意味内容として「物語」を内包しているという。たとえば，ヘーゲルの説明によると，ドイツ語の歴史 Geschichte ということばは，「なされたこと」と「なされたことの物語」の２つの意味をあわせもっているという（ヘーゲル［1994］108頁）。

　会計記録に引きつけていえば，「なされたこと」とは，人や組織が過去において実際におこなった経済的な活動そのもののことであり，しかもそれは打ち消すことのできない客観的な事実である。これに対して，「なされたことの物語」とは，経済的活動に関しておこなわれた会計記録のことを意味すると考えることができる。記録された事実は，必ずしも客観的であるとはいえない。なぜなら，会計記録は会計人の観察と判断によっておこなわれるからである。そこに主観の介在を排除することは不可能である。さらにいうと，１つひとつの経済活動（取引）を記録する際に会計人の主観が介在するだけでなく，それら記録された事実が集計・要約される過程においても判断という主観が入り込んでくる。つまり，会計においては，事実構築すなわち物語の作られ方に関して，どの局面においても主観が入り込んでくることになる。もちろん，判断といっても，現代の会計実践は一定の規則によって制約されてはいるが，仮に個々の判断の裁量幅が小さなものであっても，それが集積されていくにつれ，無数の選択の結果構築された会計的「事実」が組み上げられることとなる。

　会計による事実の記録が「なされたことの物語」であるとした。では，どのように事実は確定され，そして見せられるのか（語られるのか）という点に関心を移していこう。その際のキーワードが「編集」である。

　編集という用語のもつ意味深さと重要性について，映画監督の黒澤明は「映画の本質は編集である」といっていたという（松岡［1996］12頁）。それは，記録された映像の１つひとつのショットの順番を組み替えたりつなぎ合わせたりして，それらのもととなった素材とは次元の異なる新しいものを創発すること

を意味している。また，編集を重要な概念として社会を論じてきた最も著名な論者のひとりは「編集工学（editorial engineering）」を提唱する松岡正剛である。松岡によれば，編集工学とは，人間の思考や社会のコミュニケーション・システムや創造性に関わる総合的な方法論であるという（松岡［1996］［2000］など）。

　経済活動が会計記録によって主観をはらんだ事実として表現されるということは，まさに「編集」的である。会計手続きを，便宜的に，記録・計算・報告と区分しても，そのいずれにおいても編集的な作用が及んでいる。会計記録による事実の表現は経済活動についての情報化作業である。便宜的に区別した上記の会計手続きのいずれも，それらは，実際に「なされたこと」を情報化することであり，しかもその情報はもととなる活動を要約・圧縮したものである。また，会計記録にもとづく報告は，さらに要約・圧縮された再生情報ということになる。したがって，そこには「編集」の結果，「なされたことの物語」が作り上げられることとなる。

　さて，評価と歴史叙述の2つの視点から会計を区別することからはじめたが，会計記録と編集の親和性は歴史叙述にのみあるわけではない。ふたたび松岡によれば，「編集」とは「対象の構造を読みとき，それを新たな意匠で再生するものだ」（松岡［1996］19頁）という。

　最近における会計の変化，それは，資産・負債などが有する価値に関する複数の測定属性のうち，どれを選択して財務諸表に表示するかという評価の営みへの偏重である。これも「編集」的な行為であるといえる。だが，このような会計的評価には，「なされたこと」として物語るべき対象は，はたして実在するのだろうか。こんにち，会計に求められている情報と，会計が紡ぎだす物語が有すべき説得力とのあいだに距離を感じずにはいられない。

(2)　会計記録と権力

　記録という行為は，辞書的な意味としては，「事実を書きしるすこと」とされている。そして，その事実とは過去になされた活動を指す。記録によって，

過去において実際になされた活動が「情報化」されることになる。活動はさまざまであるので，記録される対象はもちろん多様である。

　第1章でも述べるが，たとえば，チェスや囲碁や将棋などのボードゲームには対局を記録した「棋譜」があるし，いくつかのスポーツ，とくに球技においては，「スコアブック」にその試合の内容を記録することが一般的である。このような記録によって，過去においておこなわれた活動は時間と空間とを超えて再生・確認できるようになる。

　また，ここでわかるように，記録は必ずしも「文字（writing）」でなされるとは限らない。事実，最初期の会計記録と目されるものは「文字」による記録ではない。

　たとえば，北アメリカ大陸の太平洋に面した地域，現在のアラスカ州からカリフォルニア州の最北端に至る地域の先住民には，家屋に付随する木製の柱あるいは家屋から独立して立てられた柱に彫刻を施した「トーテムポール（totem pole）」を製作する文化があった[2]。トーテムポールの製作にはさまざまな目的が込められているといわれる[3]が，その1つに，その家に住む人物や家族が経験した出来事や事件あるいは行事などが記念として刻まれているという説がある。これもある種の記録である。トーテムポールはある種の社会的な情報であるが，記録がもつ社会的な力は，以下の例などによっていっそう鮮明になる。

　小さな粘土粒である「トークン（token）」（紀元前7000年〜前3000年）がメソポタミア文明の楔形文字の先行物であるとするD・シュマン=ベセラ（Denise Schmandt-Besserat）は，この「トークン」こそが会計記録の最初期の手段であるといっている。彼女は，社会学者M・フリードの社会構造進化に関する理論を援用して，「会計の起源は序列（ランク）のある社会と国家の台頭に関係している」（Schmandt-Besserat [1992] [1996]）と主張する。会計が生まれたと

2　トーテムポールについては，たとえば，大貫 [1977] などを参照。
3　そもそもは，家屋を支える文字通りの柱としての建築の構造材として作られたのだが，家屋から独立して立てられるトーテムポールの存在が明らかにするように，他者に向けて発信される情報として機能することを目的としたことがわかる。

される「序列社会（rank society）」とは，中央政府の機能が芽生えてはいるが，法に則った社会システムは未整備の状態にあるものである。そこでは，一定の権威と権限を有する人物なり組織が登場し，それが経済財の徴収と再配分において指導的な役割を果たすと想定されている。このような，農耕文明の帰結としてもたらされた社会構造，つまり，安定的な共同体を維持するために，「トークン」を用いた会計記録の必要性が生じたというのである。さらに，より複雑な形状をした「コンプレックス・トークン（complex token）」（紀元前3500年〜）が使用されるようになったのは，社会構造がいっそうの進化を遂げ「国家（state）」の誕生が関係しているという。そこでは強大な力に基礎づけられた徴税制度（税および貢納物の徴収）が整えられている。正確で効率的な徴税制度を可能にし社会を維持するためには，多様で大量のデータを収集し保存することが必要となる。またそのために，官僚制が発達していくこととなる。

　ところで，シュマン゠ベセラの主張の最大の特徴は，これら最初期の会計記録手段である「トークン」が，楔形文字へと展開していったという点，つまり，会計記録が文字を誕生させたという点にある。

　これに対して，紐に結び目をつけた記録手段である「キープ（quipu, khipu）」（結縄）は「文字」には展開しなかった事例である。G・アートン（Gary Urton）らは「キープ」がインカ帝国の行政管理と深く結びついていると主張している（Urton and Brezine [2005]）。メソポタミアよりも時代は下るが，15世紀〜16世紀にかけての約100年間，スペイン人「コンキスタドール（侵略者）」であるフランシスコ・ピサロによって滅ぼされるまで，インカ帝国は南アメリカ大陸の太平洋沿岸沿いに広大な領土を有し，最盛期にはおよそ80の民族と約1,600万の人口を抱えていたという。このような大きな帝国を管理運営するために官僚制度が発達した。インカ帝国において，土地や鉱山，家畜などの私有は認められておらず，すべてはアイリュと呼ばれる共同体に帰属していた。そこでの主たる税は労役であり，道路や橋などの建設や土地の管理，それに家畜の世話などのために提供された。つまり，記録すべき会計データは，労役の基礎である人口と提供された労働ということになる。インカ帝国は＜中央 → 地

方→各地集落＞という階層的な行政組織を構成しており，キープによる会計記録はその逆の方向で集計・伝達されていった。

　会計記録はある種の（国家的）権力による社会統治（共同体統治）のための手段として生まれ展開してきたと述べてきた。この文脈にそって，たとえば，「登記」という現在でもおこなわれている記録行為について考えてみよう。「登記」とは，司法上の権利に関する一定の事項を第三者に公示するため，登記簿に記載することをいい，その目的は，権利の保護や安全な取引の遂行のためなどである。対象によって登記はさまざま存在するが，ここでは不動産登記についてみてみる[4]。

　土地や建物などに対する権利である物権は，当該不動産を直接的に支配する権利である。ある特定の不動産に対する支配権がだれに帰属するものであるかを明らかにするには，外形上明らかな「占有」という手法が用いられることもあるが，ある程度高度化した社会においてそれは現実的なものではなくなる。そこで，国家などの機関が法令等に基づいて作成した公的な記録媒体である「公簿」に，当該不動産に対する権利とその変動を記録し公示するという登記の制度が成立したのである。登記における対象と記録の関係について考えてみると興味深いことに気づく。

　記録の対象となるのは不動産それ自体の存在ではなく，それに対する権利であることに注意しなければならない。つまり登記されているのは，だれの土地であるのかといった権利関係なのである。しかし，その土地の物理的な存在ではなく，社会的・経済的な存在は，登記簿という記録のなかでのみ公式には確認される。登記簿への記録がなければ，当該不動産の存在は社会的に確認されないということになる。このように，記録される対象（実在する物理的存在）と記録結果（情報）との倒錯的な関係性がみてとれる。社会的には，記録が現実を規定するのである。

　また，前述したように，国家を頂点とする共同体組織にとって，最も重要な

4　不動産登記に関しては，谷口・幾代［1966］を参照。

記録の対象は人口である。つまり今日的にいえば,戸籍や住民基本台帳などに相当する。古くから,これらデータは労役や軍役あるいはその他の徴税の基礎となるもので,まさしく共同体を維持管理するために不可欠な情報であった。国家あるいはその下位組織,あるいはさらに下位単位の集落など,一定の権力を有する機関は,この記録情報に基づいて社会を統制する。出生や死亡などが起これば,ただちに記録は権威と権力のある者によって修正される必要がある。記録が修正されなければ,従前の税が徴収され続けるなど現実と整合しない不都合が生じる恐れがある。繰り返して強調しておこう。記録こそが実体となり,社会的管理が実践されるのである。

思い起こせば,1673年の「フランス商事王令」[5]も国家が商人に会計記録を強制したものである。もちろん,その時点ではすでに記録行為者と保持者は国家の手を離れているが。いずれにしても,会計記録は,そもそも権力がその維持と発展のために要請した社会的行為である。

2　本書の目的と構成

会計の変化に直面している現在において,会計記録の意義について述べてきた。本書は,ともすれば,会計記録の重要性が後退しかねない現在の会計の状況のなかでこそ,その意義を再検討する必要性を問うている。本書は,基本的には,歴史的なアプローチにより会計記録の意義を検討しているが,その視点は会計の未来に向けられている。

本書は,会計記録の生成と展開に関する「物語」を構築しようとするものである。どのような理由または必要性から会計記録がおこなわれるようになったのか,それはどのように広まり,そして展開していったのかについての,歴史的な事実にもとづいた「物語」である。

5　フランス商事王令と会計記録の関係については,岸［1975］が詳しい。

本書の目的は以下のとおりである。第1には，一般的な記録の生成について考察することで，会計行為における記録の重要性を確認することである。第2には，経済社会において会計記録がどのような理由から必要とされ，またその社会的要請に応えるためにどのような要件や様式を具備するようになったのかを明らかにすることである。第3には，会計記録の技術が地域を超えて拡散していく過程を，「知識化」としてとらえ，その手段と方法について明らかにすること，ならびに，知識化された会計記録技術が近代的な教育制度の整備とともに社会的に普及していく過程を明らかにすることである。そして最後の目的は，未知であった西洋式の会計記録技術が，近代化過程にあった日本において，どのような理由から，そしていかなるかたちで社会に導入されることになったのかについて明らかにすることである。

　本書は，この章以降，次のように構成されている。

　第1章「会計記録の本質」では，記録という営みについて，その一般的な意義から説き起こし，会計記録がどのような必要性から生まれ，そしてどのような方法によって実践されてきたのかについて，とくにその原初的な事例をとりあげて検討している。会計記録の本質が何であったのかを確認することで，現在進行している会計の変化の意味が明らかにされるであろう。

　第2章「公証人制度と会計記録の社会的意義」では，会計記録に対する社会的な期待とそれに応えるための要件について，中世イタリアにおいて実践された事例とその意味を検討している。そこでは，会計記録が社会秩序を体現する専門職である公証人によって中立公平になされたことが検証されており，経済社会においては，会計記録はもはや個人の経済活動を合理化するためだけではなく，自己と他者との関係性に不都合を生じさせないためのものとして機能したことが明らかにされるであろう。

　第3章「商人教育と会計リテラシー」では，会計記録の実践者が公証人から商人自身に移るための前提として，商人自身の読み書き能力，すなわちリテラシーについて論じている。その際に，読み書きという一般的な商人リテラシーの社会的伝達と会計リテラシーの社会的伝達との相違を確認し，会計記録が有

すると思われる特殊性が鮮明にされるであろう。

　第4章「勘定記録の生成」では，商人自身が実践するようになった会計記録が，どのようにして公証人記録と同様に社会的信頼性を有したのかを，現存する13世紀はじめの商人による会計記録を素材に検討している。また，会計記録に特徴的な「勘定」と，複式記入の意味内容についても明らかにされるであろう。

　第5章「複式記入の実践と記録様式」では，13世紀後半以降のいわゆる「商業革命」と呼ばれる経済隆盛期のイタリア商業都市で実践された複式記入を素材に，この記録様式が有する意味について検討している。複式記入（double entry）という記録様式が有する意義について，すなわち，それが自己と他者との経済的な関係性を記述したものであるということが明らかにされるであろう。

　第6章「会計記録の知識化とその普及」では，16世紀以降，複式記入による会計記録が広範囲にわたって地理的に拡散していくことを論点としている。会計記録は実践である。実践が普及するにはそれを伝達するための媒体が必要となる。ここでは，会計記録の手続きが記述されることを知識化と呼び，そのように記述された会計知識が，同時代に発明された活版印刷の技術とその普及とあいまって，ヨーロッパ各地に急速に拡散していったことが明らかにされるであろう。

　第7章「会計記録手続きの論理」では，複式記入による会計記録の手続きが文献において記述される過程で，合理的な説明の仕方が追求されることとなったことを，代表的な文献をとりあげて検討している。500年にわたる会計記録の説明の仕方の展開過程を観察することで，複式記入の技法に内在する論理的特徴が明らかにされるであろう。

　第8章「教育制度の充実と会計記録に関する論理の深化」では，経済的な成長期を迎えたアメリカ合衆国において，社会的要求に応えて商業教育および会計教育の制度的充実がはかられていくという環境のなかで，新鮮な簿記理論を展開したフォルサムを素材に，会計記録に関する理論の深化を検討している。

数百年にわたる会計記録の理論の展開の帰結は,じつのところ,その原点から離れることができていないということが明らかにされるであろう。

　第9章「西洋式会計記録の移転と普及」では,中世末期のイタリア商業都市で生成し,交易の拡大と印刷技術の普及とあいまってヨーロッパ各地に展開され,アメリカ合衆国にまで到達した複式記入による会計記録の技術が,どのような背景から19世紀後半の日本にもたらされ,そして,どのようなかたちで社会のなかに定着していったのかについて検討している。わが国における西洋式会計記録の移転についての特殊性が明らかにされるであろう。

　そして最後に,第10章「会計記録理論の展開」では,移転して間もない西洋式会計記録様式に対する論理の構築と,それが,わが国固有の簿記理論といわれる「取引要素説」に帰着するまでの過程について検討している。そこにおいて,複式記入の記録様式が規定する,会計記録の本質的特性が明らかにされるであろう。

第1章

会計記録の本質

1　はじめに

　そもそも会計とは,「その原初的形態あるいは初期の段階においては客観的に発生したとみなすことのできる出来事を記録するよう設計され使用されてきた手段であった」はずであり,そして「この事実に基づいて歴史的に出来事を記録していくという特質は,すべての会計記録システムの重要な特徴でありその本質的基礎を構成するものである」(Goldberg［1965］p.211)。

　しかしながら,最近の会計の変化,とりわけ,公正価値会計への傾斜は,この会計の根源的意義を転換させうるものとも思える。なぜなら,公正価値会計は,理念的水準においてだが,もっぱら将来に基礎をおいた予測や見積もりの結果を財務諸表に開示するものであると理解することができるからである。それは,過去との決別であり,客観的に観察可能な,実際におこった出来事という意味での「事実」との隔絶である。つまり,会計は,記録という機能を後退させ,別のもの(たとえば評価結果の金額表示)へとその機能を転位させていくことになるのかもしれない。

　本章は,現在おこりつつある会計の変化を念頭におきながら,そもそも会計という人間の営みは何であったのかについて,歴史的な視点から考察を加えようとするものである。

2 会計記録の本質

「簿記は記憶の外部化である」(柴 [2002])。この場合の「記憶」とは,人や組織など「活動の単位」(Goldberg [1965])が実際にとりおこなった営みに関するものである。つまり,それは空想や想像のなかでのことではなく,現実世界において過去に実際におこなわれた出来事であり,人や組織などが「経験」したことに関するものである。したがって,会計の対象は,最広義には人や組織の経済的な出来事に関する「経験」であり,それについて内部化された「記憶」ということになる。

簿記は会計記録の手段のことをいい,柴 [2002] の表現を敷衍するなら,「会計は人や組織の経験に関する記憶を外部化することである」となる。しかしながら,すでにいくつかの先行研究が指摘しているように,「記録を伴わない会計」,すなわち「記憶のなかで実践される会計」ということも考えられる(Yamey [1981] p.127, 高寺 [1982] 3-6頁)。たとえば,「書かれた記録,あるいは,少なくとも瞬時にして完全に消滅するような性格ではない記録といったものは会計にとってほとんど必須のものではない。もちろん,それは完全にというわけではなく,ほとんどの場合であるのだが。それほどあることではないかもしれないが,書かれたものあるいはその他の手段による何らかの記録なしに,人は『その頭脳のなか』で会計手続きを遂行することが可能であると考えることはできる」(Goldberg [1965] p.31)という言説もある。

記憶も記録も,情報の貯蔵(保存)とその再生のための基礎である。一般に,記憶から記録への展開,あるいは進化を説明する根拠として,一般的には,人が記憶できるデータの量には限界があること(「記憶補助」)(Bernal [1965])と,過去の出来事をより客観的に提示するため(「客観化」)(Fischer [2001]),そして,記憶が人や組織といった個別の活動の単位のなかに存置されているだけでは,仮にそれがどのように大量に貯えられ,かつ,目的適合的に再生可能であったとしても,他者ひいては広く社会とのコミュニケーションには有用では

ないといったこと（「コミュニケーション」あるいは「記憶の伝達不能」）
(Martin [1994]) があげられる。つまり記録という営為によって，人や組織の
経験，すなわち，内部化されたままの記憶は，より客観的・実質的なものとな
り社会のなかで共有されるものとなっていくのである[1]。

　人や組織の経験，すなわち過去の出来事は記録されることで外部化され，コ
ミュニケーションの基礎となる。利用可能な記録が存在することによって，時
間と空間の制約を超えて，自己および他者の過去の経験に接近することが可能
になるのである（松岡 [1990] 12頁，臼井 [2001] 2頁）。

　その意味において，事実としての経験とその記録のあり方は多様である。た
とえば，スポーツ，とくに野球やバスケットボール，それにバレーボールなど
の球技では，「スコアブック」にその試合の内容が記録される。具体的には，
得点者や得点に至るプロセス，それに選手の交代など，試合中におこった重要
な出来事が記号や数値を用いて記録される。スコアブックに記録された情報を
解読することで，実際におこなわれた試合の内容がほぼ判明する。つまり過去
の試合の内容が再生されるのである。これに類似するものとしては，チェスや
囲碁，それに将棋などのボードゲームの「棋譜」がある。対局者がおこなった
「手」を順番に記録したものである。正確な棋譜があれば，そのゲームの再現
が可能となる。

　また，音楽の世界には「楽譜」が存在する。楽譜は，その作られ方によって，
いくつかの機能を識別できる。1つは音楽あるいは演奏を記録したものとして
の楽譜である。実際に奏でられた音楽の旋律，リズム，速度，音の強弱を音符
や記号で書き表した場合と，作曲行為の結果として表記された場合である。後
者の場合，現実におこなわれた演奏を記録したものとはいえないかもしれない
が，実際に楽器は使われなくても，作曲者自身のなかで創造され奏でられた作
品の貯蔵であり，そして再生である。オリジナルは，もととなる音楽そのもの

1　もっとも，後述するように，話し言葉（音声言語あるいは口頭伝承）が書き言葉（書記
　言語：文字伝達）に比べて客観性を含めて優位である（聴覚の優位）ということを主張す
　る言説もある（Ong [1982]）。

であって，楽譜はその二次的な表現物でしかない。しかし，空気を振動させた瞬間に消えていくメロディやリズムを楽譜として記録することで，別の時間と空間においても再生可能となるのである。また，そのことで，多くの他者にその音楽を伝達することが可能となる[2]。

あるいは少し以前の時代のコンピュータにおける紙テープやパンチカードの穿孔，さらには現在の磁気その他の媒体へ入力されたデータも，何らかの情報を貯蔵した記録ということができる（Goldberg［2001］pp.12-13）。

文字を含めて，これら記録の手段に共通する特性は，ある程度恒久的なものであるということである。つまり，記録された事柄が一定の間（できるだけ長い期間にわたって）その媒体に貯蔵されることで，将来において，あるいは，地理的制約を超えて，過去におこった出来事を再生し，さらにはその情報を自分だけでなく，他者も利用することができるということである。

ラテン語で 'recordor' と表記されることばは「思い出す」という意味を有する。'cor' は「心」を，接頭語である 're-' は「再起動」を意味する。記録は，記憶すなわち過去において経験したことをふたたび呼び覚ますためのものである（臼井［2001］）。

だが，経験-記憶-記録の相互関係はじつは単純なものではない。経験したすべてのことがそのまま記憶されることはないし，また，記憶のありのままが記録されることもないだろう。そこには，意図する・しないにかかわらず，主体による「編集的」な作用が入り込むと思われる。したがって，記録が実際におこった出来事を完全に再生できるかどうかはじつは疑わしいのである。しかしながら，記録が存在しなければ，過去の出来事にアクセスできないのは明白である[3]。

2　楽譜のもう1つの機能として，演奏に際しての指示書というものがある。演奏者は楽譜に示されている詳細な指示に従って音楽を奏でるのである。この場合，音楽と楽譜の主客は逆転し，楽譜の指示どおりに奏でられた結果が音楽となってあらわれることとなる。このような機能としての楽譜は音楽の記録とは呼べないかもしれない。

3 記録の手段と様式の多様性

(1) 記憶と声，記録と文字

ここで，記憶と，書かれた記録，とくに「文字（writing）」による記録との関係についてのある言説をみてみよう。

> すべての文字は情報貯蔵である。それは情報貯蔵の唯一の形式というわけではない。はるか昔から，また他の多くの例において，文字とならんで人間の記憶が同じ目的のために役立ってきた。たいていの場合，それは社会から職務を委託された，特別に訓練され，選ばれた人たちのグループの記憶であった。この2つの情報貯蔵法の間には根本的な相違があり，それは必ずしも全面的ではないにせよ，主として情報の伝達と伝播に関している。口頭伝達には，同時に同じ場所に現にいなければならない2人以上の人間のあいだの個人的な，しばしば（情報の本質と複雑さの度合いによるが）長時間を要する接触を必要とする。他人が効果的に彼の記憶のうちに貯え，保持し，ついには正しく伝えることができる情報の伝達者を（十分とはいかないにせよ）満足させるにはかなりの時間を費やさねばならない。文字の場合には，情報は独立した事物上に機械的に貯えられ，いかなる時にも，いかなる場所でも（書籍のような動かせるものの場合），それにあたって読み取ることができるすべての人によって再生・利用されることが可能である。……人間の記憶が保持できるデータの量には限界がある。文

3　後述するように，経験−記憶の継承は記録がなくとも可能であり，文化人類学の研究成果が示すように，音声言語による情報の貯蔵と伝達，つまり，口承の文化は世界の各地で確認されている（たとえば川田［1992］などを参照）。しかしながら，記録されていない情報の伝達は，その広がりに制約があったり，なによりも，正確な情報内容の持続的な継承に不安定さを有するであろうことは容易に想像できる。

字で記されたかたちで貯えられうる情報の量は，少なくとも理論的には限界がない。　　　　　　　　　　　　　　　　　　　　　(Gaur [1984] p.1)

　このように，「情報貯蔵」の手段として，文字による記録が記憶に対して優位であるという主張は説得力があり，比較的容易に受け入れられそうである。しかし，Gaur [1984] は文字情報とは別の手段による記憶の伝達についても触れている。

　いうまでもなく，文字（あるいはその他の形式の記録手段）が誕生するのは，人が記憶のなかで情報を貯蔵し再生・利用するようになったころよりもずっとあとのことである。記憶の再生・利用は上記の引用でみたように，口頭（音声）による伝達である。つまり記憶のなかに貯蔵された人や組織の経験，すなわち，過去にとりおこなわれた行動は，多くの場合，人間の声によって伝達されたのであり，このような営みがずいぶんと長い期間にわたって社会で営まれてきたと思われる。「記憶の外部化」は，社会的コミュニケーションの発展段階においては，まずは「声」，すなわち，「話されたことば」によっておこなわれたのである。

　加えていうなら，書かれた記録がある程度社会に浸透した時代においても，なお「声」による情報伝達は文字によるものよりも信用の度合いが高かったという。たとえば，次のような逸話があげられる。

　……封地相続人の年齢を確定するために一般に用いられた方法は，多数の人間の口頭による証言だった。1127年，サンドウィッチ港の入港税が，カンタベリーの聖アウグスティヌス修道院のものなのか，それともクライスト・チャーチのものなのかという紛争を解決するために，ドーバーの男たち12名とサンドウィッチの者12名からなる陪審団が選ばれた。彼らは「よい証言ができる，年齢を重ねた知恵のある長老たち」だった。そこで，彼らはみな誓っていった。「ご先祖の代からそうだったし，わしも若いときから見聞きしていた」。税はクライスト・チャーチのものだ，と。彼ら以

前の人間が覚えていたことを，彼らは公の場で再生したのである。
(Ong [1982] p.95)

　文字で書かれた記録ではなく，個人（あるいは集団）の記憶にもとづいた声による証言の方が証拠として正当性が高いという根拠として，第1に，声による証言の場合，それに対して問いただすことができるし，あるいは本人に反論させる機会を与えることもできるが，書かれた文書に対してはそういったことができないということ，第2には，文字で書かれた文書，とくに「証書」はしばしば偽造されたということなどがあげられる。後者に関してさらにいうなら，証書とはいえ（あるいは証書であるからこそ），その偽造や改竄が横行したために，文字で書かれたものの内容それ自体に証明力を見出すことが困難だったので，文字記録に別の何か象徴的なものを付することで，たとえば，文字で記録された羊皮紙にナイフをひもでくくりつけたりして，証明力を表現したのである[4]。

　さて，その後一定の時間が過ぎて，「声」すなわち「話されたことば」による記憶の継承は，「文字」による記録へととって代わられていった。正確にいうなら，文字の誕生の基礎となるさまざまな表現媒体が開発されるようになったのである。

　口頭での情報伝達は空間の制約があり，それによる情報の貯蔵は「口承」であった。声による情報の受け渡しから，文字による情報の受け渡しへの移行は，聴覚（音声）から視覚への空間移行である（Ong [1982] p.115）。つまり，情報に対する姿勢が，「聞く」から「読む（見る）」へ変わることを意味する。

　だが，「書かれた記録」の時代になっても，文字を声に出して読んだときの聴覚の方が優位であったらしい。

4　たとえば，ある王国の記録によれば，1213年，ある者が自分の所有する土地を修道院に譲渡した際に，彼は自己の剣を祭壇に捧げることでこの「取引」を表現したという（Clanchy [1993] pp.38-39）。当時，剣は所有権委譲の象徴的なものの1つであったという。

古典的な詩の世界では，重要な意味をもっていたのは，見ることではなく，聴くことだった。このことは，書くことが深く内面化されてからも長く変わることがなかった。西洋における手稿本の文化は，常に声の文化をその周辺にもっていた。ミラノのアンブロシウス司教は，『ルカによる福音書注解』のなかで，かつてのそうした空気をこう書きとめている。「目に見えるものはしばしば人を欺くが，耳で聴くものならまちがいない」と。……こんにちのわれわれには奇妙なことに思えるが，書かれたものは，聴くことに対して補助的な位置にあったのである。つまり，書かれたものは，ほとんどの場合，知識を，声の世界に戻してやり，そこでふたたび用いられるようにするためのものだったのである。たとえば，中世の大学での討論や，集まった人びとの前での文学その他のテクストを朗読することがそうだったし，さらに，自分に読み聞かせるときにも声を出す[5]ということもそうだった。
　　　　　　　　　　　　　　　　　　　　　　　　　(Ong [1982] p.117)

　音声をともなって何かをしたという痕跡を現代においてもいくつかみることができる。たとえば，銀行の窓口係や議会での投票集計係を英語で teller（話す人）と表現する。銀行の場合，金銭の受け渡しの際に視覚だけではなく，声に出しながら貨幣の数を確認したのであろう。また，議会の議場においては投票の数を読み上げるための役人がいた。さらに，イギリス系の大学には professor（教授）に次ぐものとして reader という職位が現在もある。その本来の意味は，教室で学生に対して書物を声に出して読み伝える人，というものであろう。
　会計に関していうなら，少なくとも13世紀初めまでのイギリスにおいて，監査は，会計帳簿（あるいは会計報告）を声に出して読み上げさせ，これを聞くことでおこなわれたという。監査することを auditing，監査人を auditor，すなわち聴取する人と表現するのはこのためである（Clanchy [1993] p.267）。

5　声を出さずに本を読む（黙読）という習慣は，以前はなかったとされている。

文字文化があっても依然として聴覚優位であった社会が，視覚優位の社会へと移行する要因になった中心は，活字による印刷の影響であるという（Ong [1982] p.115）。より正確にいうなら，声の文化から文字によって書くという文化へ移行することで思考や表現にもたらされた変化は，活字による印刷技術，すなわち，活版印刷の登場で強化されさらに変質していくことになる。

(2)　文字以前

　こんにち，外部化された記憶の多くは「文字」によって情報貯蔵される。しかし，文字が発明されるよりもずっと以前から，人や組織は記憶を外部化するための記録手段を有していた（Ifrah [1981]，Diringer [1982]，Gaur [1984]，Robinson [1995]，Fischer [2001]，メニンガー [2001]）。

　　　文字が生み出される以前の記録手段（「先-文字」）は種々の形態がある。完全な文字の誕生以前，人類は多種多様の図形記号や記憶法（記憶道具）をふんだんに使って情報を貯えた。壁面芸術にはかならず，さまざまな普遍的象徴が描かれている。無数の幾何学模様を含め，擬人像（人のような姿・形），植物，動物，太陽，月，星，その他多くの象徴である。これらの大部分は，物質世界の最も普遍的な現象を視覚的に再生したものだった。と同時に，言語的文脈においては，各種の記憶法も使われた。結び目の印，絵文字，刻み目をつけた骨や棒，伝言杖あるいは伝言板，歌に合わせてする「あやとり」，彩色小石などを用いて，物と話しことばとを結びつける方法である。何千年のうちに，図像とこれらの記憶法とは，特別な社会的状況の中でしだいに接近していった。そしてついにそれらが溶け合い，図形的記憶法になったのである。　　　　　　　　　（Fischer [2001] p.14）

　文字とそれ以外の図形的記憶手段を区別するためには，「文字」の定義が必要である。ここでは便宜的に，①意思の伝達を目的とし，②耐久性ある媒体に

記された人工的な図形記号からなり，③意思の伝達ができるように分節言語と慣習的に関係のある記号を使っているもの（Fischer［2001］p.12），としておくこととする。したがって，この便宜的な定義によれば，ヒエログリフや楔形文字などは「文字」となるが，トーテムポールやアルタミラの洞穴芸術などは図形的象徴による記録ではあるが「文字」ではないということになる。

　しかし，「文字」には進化しなかったけれども，一定の規則にしたがって特定の情報を記録した手段は存在する。たとえば，タリー（tally）がそうである。タリーは，動物の骨や木材などを素材とした棒状のもので（したがって，タリー・スティックといわれることもある），それに刻み目をつけることで情報を記録する手段である。先史時代におけるタリーは，狩猟で獲得した動物の数や，倒した敵の人数など，原始的な生活のなかでの情報が記録されていると推察されているが，先行するいくつかの研究が主張するのは，やや進化した社会のなかで使用されたそれは，主として負債の記録のための役割を担っていたという（Gaur［1984］pp.21-22）。とくに負債を記録したタリーは，1つの木片をたてに2つに割って，債権者と債務者の双方が同じ刻み目をもつ正副それぞれの記録を保有することになる（メニンガー［2001］58-59頁）。タリーがしばしば「割り符」と呼ばれるのはこのような機能のためである。さらに付言するなら，中世ヨーロッパにおいては，タリーは徴税役人が常備する道具であり，13世紀から19世紀に至るまで，イギリスの国家財政の記録手段として，帳簿とともに使用され続けたのであった（Gaur［1984］p.22, Fichser［2001］p.20）。

　また，「文字」以外による記録手段のうち，さらにここでは，キープとトークンについて，その記録の方法と意義についてみてみよう。

　キープ（khipu, quipu）とは，木綿やラマやアルパカなどの動物の毛で作られた紐状のものに「結び目（knot）」をつけることで，数量をはじめ，さまざまな情報を記録した手段である。この記録手段が最も高度に発達し使用されたのは，インカ帝国時代の1400年代の初頭から1500年代前半にわたる期間においてであったという[6]。インカ帝国[7]（Imperio Inca）は，南アメリカ大陸の太平洋側の，現在のチリおよびアルゼンチンの北部，ペルー，エクアドル，それにコロ

第 1 章　会計記録の本質　　23

【1-1】　インカ様式のキープ[8]

(Brokaw [2010] Image 15.)

ンビアの南部あたりにまでその領土が及ぶ広大な王国を形成していた。

よく知られていることだが，インカ帝国は文字を有さない無文字文化社会であり，文字の代わりに使用されたのがキープである。キープは「結び目」を意味するケチュア語で，結び目をつけた数多くの染色された紐を束にしたものが現存している。

1-1のインカ様式のキープは典型的なものの1つである。それぞれに結び目がつけられた長さが数種類の紐数十本が1つにまとめられており，1本1本の紐には色がつけられている。結び目の結ばれ方も，単純に一重に結ばれたものもあれば輪を3つ重ねて紐を通したやや複雑な結び方まで，複数のやり方が

6　インカ帝国におけるキープの研究については，人類学や考古学の分野において20世紀のなかば前後からなされている。たとえば，Février [1948] などを参照。

7　インカ帝国は，現地の言語であるケチュア語では「タワンティン・スユ」という。13世紀に成立したクスコ王国を前身とし，1438年に第9代の皇帝パチャクティによって再編された国家である。パチャクティは4つ（タワンティン）の属州（スユ）を支配した。その後100年あまりにわたって，歴代皇帝によってインカ帝国は統治されたが，第11代皇帝ワイナ・カパックの時代の1526年，スペイン人のコンキスタドール（侵略者）が領土内に到達し，その後征服され崩壊した（網野 [2008] などを参照）。

8　現物はペルー国立考古学博物館（Museo Nacional de Arqueología, Antropología e Historia del Perú）に所蔵されている。

確認される。

　ここで関心を向けなければならないのは，キープに記録されたのはどういう情報だったのかである。ある説によれば，「結び目の位置と結び方の違いで数量を表し，色は個々の商品を表していた」（Fischer [2001] p.14）と推察されている。また，インカ帝国の歴史を記録した史料[9]によると，「個々の商品」とは，「銀・金・衣服・家畜等から燃料およびその他の細々としたもの」（シエサ・デ・レオン [2006] 72頁）にまで及んだという。

　キープは「紐を結ぶ者」という意味をもつキープカマヨック（khipukamayuq, quipocamayos）という官吏によって使用された（1-2参照）。キープカマヨックは階層的に構成された帝国の各地に配置され，それぞれが担当する集落や村や地方における出来事や諸事象を記録したものと思われる。帝国の主な財源の１つは労働力，すなわち労働税であったため，とくに労働可能な人数を把握することは重要であった（Urton and Brezine [2005]）。効率的な行政を実行するためには，労働制度を確立し，労働時間を定め，効果的な配分を実現することが必要である（ダルトロイ [2012]）。もちろんこのほかに，採集された天然素材に農産物や家畜などの情報も記録されたであろうことは想像に難くない。このように，経済的な出来事を記録したという意味で，キープカマヨックは会計担当官（accountant）ということができるだろう（Yeakel [1983]）。

　また重要なのは，キープに記録された情報がどのように利用されたのか，つまり，どのような目的のためにキープは使われたのか，という問題である。それはインカ帝国の行政機構と関係があるとされている（アートン [2012]）。４つの属州からインカ帝国を再編したパチャクティは，４つの州それぞれにアポと呼ばれる統治者を置き，各州はさらに行政上の組織に細分割されて，それぞれを管理するトクリコクという官吏を置いた。トクリコクによって管理される地方は80ほどに及んだ。この地方行政官であるトクリコクには，「その地方の

---

[9]　シエサ・デ・レオンはスペインのコンキスタドールで，クロニスタ（記録者）として４部からなる『ペルー記』を残している。原典は16世紀のなかば頃に書かれたものである。

【1-2】キープカマヨック[10]

(Guaman Poma [1615] [360] 362)

情報をすべて（たとえば人口調査記録，納税記録）記録する責任にあるキープカマユク［キープカマヨック］の長が付き添った」（アートン［2012］193頁）という。さらに下位階層の組織においても同様に，その集団の行動を監視する者と，キープに情報を記録するキープカマヨックがセットとなって存在した。つまり，権力による支配と統制が上位から下位へと行使され，その結果がキープに情報

10　1-2および後掲の1-3は，ワマン・ポマ（Felipe Guaman Poma de Alaya）によって書かれた史料『新しい記録と良き統治』（*Nueva Corónica y Buen Gobierno*）からのものである。ワマン・ポマは，1610年代に当時のスペイン国王フィリペ3世にあてた「書簡」としてこれらを記述している。執筆の動機は，インカ帝国には文字がなくキープと高齢のインディオの記憶しかないため，「本来あるべき形で真実の歴史」を書き残す必要を感じたからである（染田・友枝［1992］45-46頁）。なお，スペイン侵略までは無文字文化だったインカ帝国の人々であっても，侵略後ある程度時間が経過したワマン・ポマの世代においては，リテラシーを獲得している者もあり，この史料はスペイン語で記述されている。この史料はデンマーク王立図書館（Det Kongelige Bibliotek）において1908年に発見され，その後1936年に公刊された。また，現在は，同図書館のウェブページ上ですべてが公開されている（http://www.kb.dk/permalink/2006/poma/info/en/project/project.htm）。なお，『新しき記録と良き統治』は，目次を含めると1,179ページからなる大部なもので，しかもそのうち456ページは1-2のような図像によって占められている。

【1-3】 キープによる報告

(Guaman Poma [1615] [335] 337)

として貯蔵され,そしてその情報は下位から上位へと集計され伝達されるという仕組みがあったのである。

1-3が示しているのは,キープカマヨックが監視者に対してキープによる情報伝達をおこなっている様子である。二人の上下に描かれているのは倉庫であり,なんらかの経済財に関する報告がおこなわれているものと推察される。

帝国内の組織階層が上がっていくにつれて,これら情報は合計・集約されて報告された[11]。インカ帝国のキープは,このように,階層間を情報でつないで行政管理に役立てられた会計記録の手段であった[12]。

ところで,紐状のものに結び目をつけて数量記録をおこなう手段はインカ帝国のキープだけではない。文字が発明される以前の古代中国やハワイ諸島においても,先史時代に同様の記録手段が用いられたという研究があり(Jacobsen [1983]),また,藁を用いた同様の数量計測・記録手段が,琉球においても確

---

11 Urton and Brezine [2005] は,階層的に関連した情報を有する一連のキープを発見している。

認されるという（Ifrah［1981］，メニンガー［2001］などを参照）。

　西はシリアから東はイランに至る西アジアの広い範囲で，さまざまな形をした2センチほどの小さな粘土の粒とそれらが複数入った直径5〜7センチくらいのやはり粘土でできた中空の球状のものが，前8000年から前1500年までの多様な年代地層から発掘されている。粘土粒はクレイ・トークン（clay token）と呼ばれる。トークンはその形状の種類ごとに特定の品物（パン・油入り壺・牛・羊など）の数量を1対1の関係で具象的計算結果を表現したもの，つまり，計算具（counter）として使用されたと理解されている。中空の球体はトークンを保存するための入れ物（封球）であるとされる。トークンが計算具であるという説は1950年代の終わりから主張されている（Oppenheim［1959］，Amiet［1966］）。

　トークンの歴史的意義，とくに会計記録機能の詳細な検討を進展させたのが，1970年代後半以降に公表されたシュマン゠ベセラ（Denis Schmandt-Besserat）の一連の研究である。彼女は次のように記述する。「それぞれが独自の意味を持つ全種類のトークンが相互に関連し合ってひとつのまとまり（「システム」）を構成したのである。……このシステムは，多種多様な生産物に関する情報を同時に処理することを可能にすることで，従来は達成しえなかった複雑なデータ処理を実現したのである。こうして人間の記憶に頼るという危険を冒すことなく，無数の財に関する無限の情報を正確に保存することが可能になった」と（Schmandt-Besserat［1992］p.162，［1996］p.94，邦訳98頁）。

　シュマン゠ベセラの調査研究によれば，これまでに発掘されたトークンは大

12　キープが有する高度な記録能力と，その記録された情報による社会統治に対する有用性については，多くのことが明らかにされてきたが，キープそれ自体にどのような情報が貯蔵されているのかについての研究，つまりキープの「解読」に関してはまだ不明な点が多い。近年，ハーバード大学のG・アートンらは世界に現存する850ほどのキープを対象に，それらの分類や情報解読をはじめとする包括的なキープ研究に精力的に取り組んでいる。その成果は彼らのウェブサイトである「キープ・データベース・プロジェクト（Khipu Database Project）」（http://khipukamayuq.fas.harvard.edu/WhatIsAKhipu.html）において公開されている。

【1-4】プレイン・トークン

(Schmandt-Besserat [1996] p.16)

【1-5】コンプレックス・トークン

(Schmandt-Besserat [1996] p.20)

きく2つに分類されるという[13]。1つは彼女が「プレイン・トークン」と呼ぶもので，円錐，扁平な円盤状，それに球などのかたちをしている（1-4）。最初期のトークンが発見される紀元前8千年紀の時代から約4000年のあいだに製作されたものは，すべてこれら「プレイン・トークン」のタイプである。

もう1つは「コンプレックス・トークン」と呼ばれるもので，紀元前3500年頃以降の地層から発掘されたものである。1-5はその一部を示したものであるが，型状が複雑になり種類も増えている。

「コンプレックス・トークン」の特徴は，その表面に線状の印しがつけられていることである。それはおそらく先端が尖ったもので刻まれたものであると思われる。1-5にはみることができないが，まったく同じ形のトークンに，異なる本数の線が刻まれたものがいくつもある。つまり，トークンがより複雑

13　シュマン＝ベセラが確認しているトークンは，円錐型，球型，円盤型，円筒型，卵型など，全部で16種類の形状に分類されている。

な情報を収録するものとなったことが推察されるのである。

　トークンが財の数量を記録したもの（つまり会計記録手段）であるとするシュマン゠ベセラの理論に対して，会計史研究の立場からの反応がはじまるのは1980年代以降である(Anonymous[1980], Most[1981], Garbutt[1981], Mattessich [1987][1989][1994][1995][1998][2000], 小口[1995a][1995b], Goldberg[2001], Mouck[2004], 土方[2012]など)。

　彼女の理論のまったく新しい点は，トークンから「文字が誕生した」という主張である。「新石器時代のトークン・システムは，コミュニケーションとデータ処理における進化の第2段階と考えられる。それは旧石器時代と中石器時代の記憶装置の後に続くとともに，都市時代における絵文字の発明に先立つものである。それゆえトークンは，タリーと絵文字を結ぶ連結環であり，タリーや小石など旧石器時代の計算に使用された先行物からいくつかの要素を継承する一方，多くの重要な面ですでに文字を予兆していた」(Schmandt-Besserat[1992] p.163, [1996] pp.96-97, 邦訳101頁)。

【1-6】トークンから派生した文字

トークン	古拙文字	前2400年頃の楔形文字	前1000年紀の楔形文字	音	意味
⊕	⊕	田	冊	udu	羊
◠	◠	◇	⇐	ab₂	牝牛
◠	◠	▭	冊	ur	犬
▽	▽	▽	▽	ninda	パン
◯	◯	▽	〠	i₃	油

(小林[2005] 36頁)

　1-6は，トークンが楔形文字（cuneiform）[14]へと進化していく仮説を表現

14　楔形文字は，紀元前3500年に誕生した，文字体系としては世界最古のうちの1つとみなされている。板状にした粘土の表面に先を尖らせた葦をペンとして用いて書かれた。

したものである。左端に掲げられているのはコンプレックス・トークンの一部であるが，それらが楔形文字の前身であるとされる「古拙文字」と一致しているのがみてとれる。

　トークンは保存のために，やはり粘土でできた球状の封筒（つまり「封球」）に入れられた。封球に入れられることで，そこに保存されているトークンがどのようなものであるか確認することができなくなり，トークンによって表現されているはずの情報が不明となってしまう。この不都合を回避するために，中に入っているトークンの種類と個数がわかるように，封球の粘土が柔らかいうちにその表面にトークンを押しつけたのである（Schmandt-Besserat [1996]）。

　封球に押しつけられたトークンのかたちが，その後，粘土板に刻まれるようになった楔形文字の前身である「古拙文字」となったというのである。

　「文字の最初の使用が何よりも権力と結びついていたことは明白である」とするレヴィ=ストロースの言説がある（シャルボニエ [1970]）。会計記録の手段であるトークンから文字が派生したとするシュマン=ベセラの主張を敷衍すると，会計記録の起源とその発展は権力と結びついていたこともまた明白であるというべきであろう。

(3) 文字の誕生

　さて，「文字」による記録である。「文字は情報活動の突起であり痕跡である」（松岡 [1990] 20頁）という。文字が開発されたことで，人間は過去に生じた多様な出来事を（共同体や地域あるいは時代による制約はあるが）普遍的な方式で大量に情報として貯蔵することが可能になった。文字による表現は他の手段に比べて次のような利点をもたらす。

> 何らかの特別な情報を完全に（そしてたぶん恒久的に）同化すべき，しばしば過重な仕事から解放されたこの情報は，文字に書かれた形で与えられることにより，新たな考察の基盤として用いられることが可能である。

ある世代は先行する諸世代の知識を獲得するばかりでなく，この知識を使って新たな発見をすることができ，また新しい結論を形成することができて，次にはこれが使用可能なデータの絶えず増大する修正に付け加えられることになる。　　　　　　　　　　　　　　　　　　　(Gaur [1984] p.2)

　つまり，「文字」は記録の継続的な集積を可能にし，そのことで時代，あるいは地域を超えて伝播し，その結果，コミュニケーションが円滑になるのである。言語を仲介することなく何らかの情報を交換しようとする営みは，当然ながら，原始的な人間社会において（あるいは近代的な社会においても）おこなわれていた。それは抽象的な文様や幾何学的なデザイン，あるいは日常にある人間，動物，植物，品物などの絵画的表現などによっていた。これらは共同体のなかでその意味が共有される記号体系（コード）である。その多くは記憶補助のために開発され使用された。それは，民族や部族の歴史や系譜や言い伝え，思想や規律，狩りや儀式の方法など，社会とそこで営まれた生活が記録され保持され，そして伝承されるための手段である。繰り返すまでもなく，これらは「文字」の原型である。

　ヒエログリフや甲骨文字など，いわゆる始原文字による記録が会計であるということ，すなわち，文字は会計記録の要請から誕生したということは，すでに多くの先行研究で認識されていることである[15]。なかでも，前田[2003]の

15　たとえば，松岡[1990]は「文字は情報活動の突起であり痕跡である。イデオグラム（思考文字）の起源は品物そのものをどこかに置いておくことであった。それによって財貨の管理などをした。それがだんだん品物の図示になり，絵文字となり，象形文字が派生した」といい，Robinson[1995]は「文字の使用が会計から始まったことは，今日では大方の学者が認めている」と記述している。またFischer[2001]によれば，「完全な文字のるつぼ（crucible）は，会計であった。社会的必要がなければ，完全な文字のような卓越した道具は生まれなかったであろう。約6000年前の古代中東において，拡大しつつあったシュメール人社会では，どうにかして生の原材料，製品，労働者，兵役，田畑，租税，王室や寺院の財産目録，収入と支出などの処理や管理をする必要があった。それまで使っていた記憶術ではもはや不十分となり，何かそれまでとまったく異なる新しい方法が必要になった」という。

以下の記述は，文字の誕生と会計記録の必要性をうまく語っている。

> 文字をもったことは，人類の一大画期である。楔形文字の最古のものは絵文字的書体であり，前3200年頃のウルク第4層から見つかっている。ゴードン・チャイルドに倣っていえば，このウルク期は都市革命の時期である。前9000年頃から前6000年にかけて食料採取経済から農耕牧畜の生産経済への移行を成し遂げた人類が，都市という巨大な定住を可能にした時期である。直接生産に従事しない支配階級，専門職人などを養うだけの生産性とシステムが成立した。文字記録は，家畜や穀物など経済の管理に関わる内容が最初である。高尚な文学でも，哲学を論ずることでもなく，会計簿の必要性から文字は生まれたといえる。　　（前田［2003］26頁）

しかし，タリーやキープなどの文字の誕生に先行する会計記録から，「文字」それ自体への展開は検証されていない。前述のように，シュマン゠ベセラは，封球の表面にはその中に納められているトークンが記号化して記されている（最初はトークンそのものを押しつけることで記されたが，その後はトークンの外形を尖筆で描くようになる）と解釈し，その印がシュメールの古拙文字（楔形文字の前身）となったと推論している。

もちろん，この推論に懐疑的な意見は存在する。しかしながら，文字に限らず，それに先行するいくつかの記録手段が「会計記録の必要性」から誕生したという解釈は相当に説得力があるといっていいだろう。だとすると，トークンが文字へと進化したということも十分にあり得る推論である。

書き記すという営みは本来的に歴史の叙述であり，記録である。記録の対象となったものは人間が過去におこなった行動であり経験である。われわれは「文字」を獲得したことで，より容易に，われわれの経験をエンコード化し社会の記憶として保存することができるようになったのである。

4　会計における記録の意味

　ここでは，現代的な意味での会計のなかで，記録がどのように位置づけられてきたかについて考察してみよう。

　会計を定義したものとして，たとえば，アメリカ公認会計士協会（AICPA）は，1941年（当時は AIA）には次のように表現している。「取引および事象を意義ある方法でもってかつ貨幣単位でもって記録し分類し要約する技法である」（AICPA [1953] p.9）と。会計の処理過程のなかでは，記録することが，はじめにおこなわれる処理手続きとなる。当然ながら，記録の後にそれに続く処理（AICPA の定義によれば「分類」と「要約」）が実行される。

　そこでつぎに問題となるのは，会計が「何を」そして「どのように」記録するのかということである。ここではもっぱら「何を」記録するのかについて焦点を絞って考察したい。AICPA の表現において「取引および事象」と記述されている記録の対象は，当然ながら経済的な出来事を含意し，また，それに制限されていると考えられる。しかし，より具体的にどのような事柄を会計記録するのかは，対象の観察者，すなわち記録者の目的とそれにもとづく意思決定，あるいはそれらを形成する基礎となる社会的規範や制度によって異なったものとなるかもしれない。つまり，観察と選択の問題であり，前述したところに関連していえば「編集」の問題である。

　会計理論の主題として記録の対象となる「取引」の概念については多くの議論がなされてきている[16]。繰延資産やある種の引当金などの計上問題，リース契約などの未履行取引のオンバランス化の問題など，例をあげていけばきりがない。記録者の視点あるいはそれを形成する理論的基礎としての１つの到達点が，収益費用中心観と資産負債中心観に代表される利益観の問題である。そし

16　会計上の取引概念についての理論的考察は，たとえば，徳賀 [1985]，浦崎 [1993] などを参照。

て，その制度的基礎は会計基準である。つまり，ある特定の目的あるいは視点からすると，記録の対象となる出来事が他方では記録の対象とはならないということである。その結果，会計帳簿や財務諸表において表示される世界が異なってくことになる。

　会計記録とそれにもとづいて作成・表示される産物（帳簿や財務諸表）が，観察者の視点や社会が求める何らかの要請にしたがって，結果的に，異なったものとなる可能性があるとしても，そこでの記録にはある共通した特質が存在する。それは，人や組織が過去において実際にとりおこなった行為，すなわち，彼らの経験を情報化したものだということである。前述したように，野球やバスケットボールのスコアブックや，チェスや囲碁の棋譜と同様，そこに記されているのはすべて過去における人間の営みの過程と結果である。過去におこった出来事は真実であり，それを誰も否定することなどできない。「声の文化」から「文字の文化」へ移行した社会において，記録なしには，他にいかなる証拠があったとしても，その出来事が承認されることは困難である。記録は情報の貯蔵である。記録がなされないということは情報が貯蔵されていないことを意味し，社会的に多くの不利益をもたらすことになるかもしれない。会計記録は，「このように歴史的な証拠であり，その歴史は長い過去であり現在なのである。それはどんな人がおこなったのか，または彼らは何を考えたのかといったことでもある」(Goldberg [2001] pp.29-30)。他の記録と同様に，会計記録は貯蔵された情報から，過去の出来事，すなわち，人や組織の経験を現在，そして未来において再生可能なものとするための基礎データなのである[17]。

5　むすび

　会計記録について，記録一般の意味と記録手段生成の点から検討してきた。そもそも会計とは「記録すなわち情報の貯蔵」であり，貯蔵される情報とは過去に生じた出来事や思考すなわち「経験」であり，何らかの外部媒体に情報が

貯蔵されることで，過去の出来事が時空を超えて再生可能となる，と論じてきた。そして，すべての情報突起であり痕跡でもある文字は，会計記録の必要から生まれたものであることを確認した。

　ところで，AIA（AICPA）による定義から下ること四半世紀，アメリカ会計学会（AAA）は次のような表現で会計を定義した。すなわち，「情報の利用者が事情に精通して判断や意思決定を行うことができるように，経済的情報を識別し，測定し，伝達するプロセスである」（AAA［1966］p.1）と。ここでは「取引および事象の記録・分類・要約」というAIAの表現から，「経済的情報の識別・測定・伝達」と変化している。この差異はけっして小さくない。

　「会計」（会計記録ではない）という行為の対象を「経済的情報」としているが，AICPA［1953］の定義にある「取引および事象」には，少なくとも，その主体（記録の対象の観察者であり記録者）がとりおこなった（あるいは関係した）出来事だけが含意されていたと思われる。これに対して，AAA［1966］の「経済的情報」には，主体が自らとりおこなった出来事のほかに，種々の環境変化などによる現象までもが含まれているように思われる。じじつ，「会計情報が必ず取引資料のみにもとづかなければならないということはない」（AAA［1966］, p.1）といっている。さらには，対象となるものがすでに「情報」とされている点にも留意すべきである。

　記録は「情報の貯蔵」であると述べてきた。人や組織の営み，すなわち経験が記録されることではじめて情報となると考えてきた。しかし，AAA［1966］

17　過去の事実とはいえ，もちろん，それが記録される際には，記録者の視点や社会的な要請によって一定のバイアスがかかっていることだろう。その意味で歴史的な事実の記録がすなわち絶対的な真実であることを意味しない。さらに，これら会計記録から過去の出来事が再生可能だとはいっても，人や組織の行為あるいは出来事に関して記録された属性は，自然に観察可能なものすべてではなく，記録の様式によって制約を受ける。その意味で，完全な再生など期待できない。加えていうなら，入手可能な記録に対して，これを用いて過去の出来事を再生しようとする場合，再生者の意図や解釈や判断，すなわち「編集」が介入してくる。したがって再生のプロセスでおこなわれるのは，「事実」にもとづく「物語」の構築（しかし創作ではない）という性格を帯びたものとなる。

の定義では，入手可能な「情報」としてすでに存在するものを識別することからはじまっている。記録の重要性の後退である。記録の後退は，極端にいうなら，過去との決別，つまり，歴史的な叙述としての会計記録の変質となる可能性もある。

　しかし，なお，AAA［1966］はいう。

　　……伝統的な会計報告書の場合のように，歴史的取引との関係についての情報や，予算，標準原価その他これに類似した場合のように，将来の計画または期待との関係についての情報が必要となる。会計は，しばしば，本質的に，歴史的なものと考えられてきたけれども，将来の計画または期待を問題とする会計技術がますます強調されるようになり，しかもこの傾向はさらに持続することが予想されるということを認識することは重要である。すべての歴史を学ぶ目的がそうであるように，歴史的記録をおこなうのは，それから将来の指標となる教訓を引き出すためである。換言すれば，このことは，会計に対して情報を要求することは会計を利用して意思決定をおこなう場合の必要条件であり，しかもその意思決定は，ほとんどすべての場合，将来を指向する，ということである。　（AAA［1966］pp.5-6）

　すでに40年以上も前に，会計は，おそらく，われわれが文字記録による情報貯蔵をはじめてから連綿とおこなってきた，人や組織のとりおこなった行為に関する歴史的叙述としてのものから，別の次元の性質をもつものへの変化（あるいは進化）のきざしをみせはじめていた。さらに21世紀となり，その変化はいっそう加速してきている。

　周知のように，現在，グローバルな規模での会計基準の統一化が進行している。この動向の帰結の1つとして，貸借対照表に計上される資産と負債の全面的な公正価値による評価へと向かうことが考えられる。この全面的公正価値評価が論理的に行き着く先は，理念的にではあるが，「純資産簿価モデル」としてとらえられる（徳賀［2008］［2011］）。純資産簿価モデルにおいては，企業価

値はそれが生み出す将来キャッシュフローの現在価値によって測定されたものとなるから，キャッシュフローの源泉となるすべての資産と負債は公正価値によってオンバランスされることとなる（徳賀［2008］144頁）。この場合の「公正価値」はどこからもたらされるものであるのだろうか[18]。手続的にいうなら，それは測定主体が現実世界で認識したモノについての「棚卸し」の結果である。つまり，金額決定の基礎となるのは経営者の期待や推定となる。これは，もっぱら将来を指向したものであって，過去においておこなわれた取引に関する会計記録から誘導されるものではない。純資産簿価モデルのなかに「簿価」という表現があるが，財務報告媒体である貸借対照表において表示される何らかの見積価額のことであって，過去において実際におこなわれた日々の取引の結果として会計帳簿のなかに存在するものではないことに注意すべきである。

　会計記録が財務報告制度という社会システムのなかに組み込まれる（津守［2002］）ようになって久しいが，「会計」という人類の営為は，ここに至って歴史的な転換期を迎えているのかもしれない。

---

[18] 公正価値会計に対して，歴史的パースペクティブから批判的検討をしているものとして渡邉［2013］がある。

第2章

公証人制度と会計記録の社会的意義

1 はじめに

　会計記録，ことに，複式簿記によって実践された会計記録は，現存する史料が明らかにしているように，当該記録の対象となる商取引を営む商人自身のペンによっておこなわれてきた。商業が隆盛し，取引の量が格段に増加し商人がそれを記憶することができないようになると，当然ながら，取引の事実を証拠として残すために会計記録が必要となる。しかしながら，商人自身が自らの営みを自らのペンによって記録することが一般化する[1]のは，イタリアでいうなら，13世紀中葉以降のことである（大黒［1995］265頁）。商人が「文字を知る」ようになるまでの一時期のあいだ，その営みを記録し保存したのは「公証人」と呼ばれる専門的職業者であった。

　本章の目的は，会計記録の必要性を歴史的な考察を通じて確認することと，その社会的機能の1つである証拠性が成り立つ淵源であるところの「公証力」について明らかにすることである。

1　大黒［1995］は，商人が自ら会計記録をおこなうようになったことと商売の仕方の変化（「遍歴商人」から「商業の定地化」へ）との緊密な関係を論じている。

2　中世イタリアにおける公証人と公証力の源泉

　中世後期のイタリアにおける公証人[2]（notarius（ラテン語），notario（イタリア語），notary（英語））の登場は，コムーネ（commune：自治都市）の自立と商業の興隆と深く関連するという（清水［1985］，徳橋［2000］［2006］）。'notarius'という職業はローマ時代から存在するものであったが，彼らが個人の権利に関する証明書を作成する際に，それに付随すべき社会的信頼性は，国家や教会といった権威と直接的に強く結びついたものであって，したがって，ある種の官吏として機能し，本章での検討対象である中世後期における公証人とはその性格を異にする。コムーネは，王権や教皇権のような公権力によって直接的な支配を受けることのない，それ自体が事実上の主権国家である。

　結論からいえば，公証力の源泉であった上級権力が崩壊してしまったコムーネにおいては，コムーネ自体が権威となり，実質的に，公証人に対して公的な信用（publica fides）を付与したのである。だが，公証人の「公的」な性格（publicum）の淵源は「皇帝権と教皇権を二つの中心とするゆるやかな楕円のごとき統一体として存在」（清水［1978］5頁）する西ヨーロッパのキリスト教世界の秩序によるものである[3]。したがって，その公証力は，いにしえの権威との結びつきを想像させることで，形式的あるいは名目的に保持されたといっ

---

[2]　こんにちにおいて公証人と称される職業人は，イギリスをのぞくヨーロッパにおける「ラテン系公証人」とアングロサクソン諸国における「ノタリー・パブリック」の2つに識別される。後者がたんに認証業務だけを請け負うのに対して，前者であるラテン系公証人は公正証書の作成と認証をおこない，公証力のある記録をおこなうことで紛争を未然に防止する任務を負う法律家である（清水［1982］）。本章で論じる公証人はもちろん後者のことである。ちなみに，わが国の公証人制度はこのラテン系公証人にその起源を有している（本多［1972］）。また，公証人制度の成立および公証人文書（公証人記録）に関する先行研究として，清水［1975］［1978］［1982］［1985］［1990］，Epstein［1994］［1996］，徳橋［1996］［2000］［2006］などがある。

[3]　また，ローマ法との関連から公証人を論じているものもある（Aho［2005］pp.56-59および徳橋［2006］56-59頁）。

ていいだろう。

　このように，中世後期にイタリアで登場する公証人は，形式的には古くからの権威に拠りながらも実質的には新しい社会システムのなかで自立した存在であり，公証人自体がその新しい社会のなかでの公的な秩序形成の一端を担っていたのである。また，この時代における公証人は同業者組合であるアルテ（ギルド）を組織した[4]という意味において商人や手工業者と同様に独立した自由職業者（professional）であるという点で特徴的である。

3　公証人の社会的存在と記録社会

　当時の公証人の業務は「都市生活のおよそあらゆる法的側面に関与した」（徳橋［2000］273頁）ものであった。すなわち，彼らは法曹の一員であるが，その職業上の資格は組合＝アルテへの加入の際に試験がおこなわれることで確認されるだけで，たとえば，大学で法学の教育を修めることで資格を有することのできる裁判官（judex）とは同じ法曹であってもその要件が異なっていた[5]（清水［1985］38頁）。つまり，公証人は比較的容易になることができた職業であったのである。彼らにとってまず求められるのは文字の「読み」「書き」ができることである。

　ここでいう文字とはもちろんラテン語を意味する。というのは，この当時の法令やその他の公式な文書類はいまだにラテン語が使用されていたので，文書作成が重要な仕事である公証人になるにあたってラテン語の読み書き能力は基礎となる前提であった。ラテン語は，各地に存在した小規模の私塾である公証

---

[4]　時期は不明だが，フィレンツェにおいて，公証人は裁判官とともに「裁判官・公証人組合（Arte dei Guidici e Notai）」を形成しており，それは他のいくつかの有力な商人組合と並ぶ大アルテの1つであったという（橋本［2009］85頁）。
[5]　Cipolla［1973］は，中世およびルネッサンス期のイタリアにおける3つの専門職（公証人・弁護士・医者）の社会性について比較考察している。

人学校で学ぶことができた。もっとも，公証人が業務で使用するラテン語というのは初歩的な文法で定型句からなる平易なものであった（大黒［1995］265頁）。ラテン語を習得したあとは公証人の事務所で働きながら実務研修を受け，その後アルテの課す試験に合格すればよい。これは商人や手工業者が一人前になる過程，すなわち，徒弟制度と同じである。具体的な例をあげるなら，14世紀のピサの公証人アルテに加入しようとする場合，まずラテン語による作文（契約文書の作成など）の試験を受け，次にアルテの試験委員による口頭試問で文書に関する基本的な知識が試され，さらに志願者は，①20歳以上になっていること，②4年以上継続してラテン語を学習していること，③合法的婚姻から出生したことなど，5つの事柄に関して証人を立てて証明する必要があった（清水［1978］10頁，［1985］38頁）。

　公証人になることは比較的容易であった。法律に関する専門的職業者として求められる正確な法律知識は，「種々の契約文書や遺言書の書式から判決文の書式に至るまでが収められ」（德橋［2000］275頁）た書式集（formularium）の助けによって実践された。

　さて，当時における公証人の数であるが，清水［1978］［1985］によれば，ほぼ同時期のピサでは人口約4万人に対して232人（市民100人あたり0.58人，以下同様），人口9万人のフィレンツェでは約600人（0.67人）であったという。清水はこの数を「まさに驚異的」（清水［1978］9頁）と評しているが，さらにCipolla［1973］がとりまとめたデータによれば，1268年のベローナにおいては人口約4万人のうち公証人の数は495人（1.24人），1283年のボローニャでは人口約5万人に対して1,059人（2.11人），1288年のミラノでは人口約6万人に対して1,500人（2.50人），1298年のプラートに至っては人口約4,000人に対して公証人の数111人（2.78人）とさらに上回る状況が示されている。

　ここで関心を持つべき問題は，これほどに多くの公証人が中世後期のイタリア諸都市で必要とされるようになった背景を明らかにすることである。

　公証人は多様な階層の人々の求めに応じて，不動産売買契約・賃借契約・金銭消費貸借契約・遺言・夫婦の財産契約など，人と人の関係（それが家族間に

おけるものであっても)をすべて「契約」として把握しそれを記録にとどめるという業務をとりおこなった（清水［1978］7頁）。具体的な事例として，14世紀のピサで活動した（比較的小規模の活動しかしていない）公証人記録を検討した清水［1975］によれば，1344年2月から翌45年1月までの1年間に交わされた68件の契約（と1件の遺言）が記録されているが，その内訳は，15件が金銭貸付の契約，訴訟やその他のための法的代理人の委任が15件，土地の売買契約が7件，家畜の飼育契約5件（1頭か2頭の馬やロバや牛），雇用契約3件（手工業職人などとの徒弟契約），土地・家屋の貸与契約3件などである。いずれの「契約」も金額的に多額のものは含まれていない。

　これらの事実が示すことは，公証人の顧客，すなわち，契約の当事者たちは，規模の大きな事業を営む商人や多額の財産を有する貴族など社会の上層部に帰属する人々だけではなく，庶民階層に属する人々，さらには農村社会の人々までも含まれていたということである。しかも非常に些細な出来事[6]までが公証人の手によって「契約」として記録されている。このように社会に広く，そして深く浸透していた公証人の利用の背景にあるのは，「記録への執念」（清水［1982］150頁）あるいは「文書主義」（清水［1985］35頁）と表現されるヨーロッパ，ことにイタリア社会とそこに帰属する人々におけるメンタリティである[7]。彼らは自身の財産と権利を保全するために，そして起こるかもしれない将来の紛争を未然に防ぐために「記録」を必要としたのであった。しかもその記録は

6　たとえば雇用契約であるが，息子をパン職人のところに住み込ませ年間わずか5ソルディの給料で，食事・衣服・靴は親方が負担するという細かいことまで書いてあるようなものまである（清水［1975］12頁）。

7　公証人の作成した文書が社会的信用を有したのはイタリアなど南ヨーロッパの国々である。チポッラは次のように記述している。「公証人資料が利用できるのは，南ヨーロッパだけである。ヨーロッパはつねに2つあった。1つはバターとビールと解放耕地のヨーロッパ，もう1つはオリーブ油とワインと囲い込み地のヨーロッパである。前者は『印璽のヨーロッパ』であり，後者は『公証人のヨーロッパ』である」（チポッラ［2001］226頁）と。つまり，たとえばイングランドなど北ヨーロッパの国々では，作成された文書が公的な証拠力をもつためには「印璽」すなわち国王など国家を代表する者の承認の証しが必要であったのである。

公的信用，すなわち公証力のあるものでなければならなかった。

4　公証人と会計記録

　さて，ここでは公証人がおこなった業務のなかで，商人活動の記録，すなわち会計記録について考察していこう。公証人による会計記録をとりあげた先行研究としては，Florence Edler de Roover［1941］をはじめとして，Martinelli［1974］［1977a］［1977b］，泉谷［1997］，橋本［2009］などがある。これらは，すべて，ジェノバの公証人ジョバンニ・スクリーバ（Giovanni Scriba）の公証人記録を対象として検討している。

　この公証人記録はまとまったものとしてこれまで現存が確認されているもののなかでは最も古い史料[8]であるため，きわめて重要である。ジョバンニ・スクリーバはコムーネの正式な公証人として従事した有名な人物であったという（Epstein［1996］p.56）。したがって，コムーネがおこなった事業の記録も含まれている。また，彼の顧客には富裕層や多くの政治家が名を連ねており，その

8　橋本［2009］には，2005年9月に保管先であるジェノバ国立古文書館での実地調査による，その保存状態や状況についての臨場感ある紹介がある。すなわち，「こうして今日我々が手にすることのできるこの記録簿の保存状態は，他の現存する公証人記録簿等と比べても極めて良い。湿気等による滲みで判読不能な部分や若干の欠落を除いて，損傷は少ない。［改行］この記録本体は，163枚の木綿紙のフォリオから構成され，フォリオの大きさは，縦が28cm，横が20cmで大体揃っている。ここには，1154年から1164年にかけての全1306件の契約等が記録されており，記された記録はすべてジョヴァンニ・スクリーバ本人の筆跡によるものと思われる。小文字によるイタリック体（草書体）によって記されており，これは12世紀の典型的な初期の公証人文書である。契約文書は発生順にフォリオの上から間隔を空けずに連続して記入され，それぞれの文書の間には水平に引かれた実線によって区切られている。また，年号には西暦とともに，インディクティオ暦（15年紀）が記載されている」（90頁）と。

9　しかし，Epstein［1996］は，これら富裕層のとりおこなった契約のすべてが記録されているわけではなく，また，普通のジェノバ人たちの生活を映すような記録は残存していないといって不満足を表現している。

意味でも当該史料の価値は第一級である[9]。また同史料は1935年に活字におこされて刊行されている[10]（Chiaudano e Moresco [1935]）こともあり，しばしば，検討の対象となっているのであろう。

　さて，この公証人記録簿の内容であるが，記録されている1,306の契約事項等のうち，335件が商業取引に関するものである（Epstein [1996] p.56）。織物，香料，染料，珊瑚など多様な商品の取引記録（清水 [1985] 34頁）はもちろん，とくに，会計記録に関心を持つ論者によって検討されるのは，海洋交易に関する記録（Lopez and Irving [1955] p.181，橋本 [2009] 91-93頁）である。コンメンダ（commenda）やソキエタス・マリス（societas maris）といったパートナーシップ組織の契約締結の事実が記録されている。また，このほかに海上貸付[11]や委託販売契約などがみられる。

　また，ジョバンニ・スクリーバの公証人記録のなかから頻繁に検討されてきた先行研究として，コンメンダなどのパートナーシップ契約から得られた利益確定とその分配計算があげられるだろう（Florence Edler de Roover [1941]，Martinelli [1974] [1977a] [1977b]，泉谷 [1997]，橋本 [2009]）。これは1156年から1158年にわたって実施された海上交易の結果の清算記録であり，「損益計算」に関する最初期の記録として注目されてきた。

　重要なのは，これら商業取引の記録，すなわち会計記録の担い手が公証人であったという事実である。公証人による会計記録の特徴は，第一に，それらが「個々の商取引をそのまま再現したものである」（大黒 [1995] 264頁）というこ

10　これ以外にも，20世紀の中葉において次のような公証人記録が刊行されている。Chiaudano e della Rocca, *Oberto Scriba de Mercato* (1190), Torino 1938, Hall, Krueger and Raynolds, *Guglielmo Cassinese* (1190-1192), 2vols, Trino 1938, Chiaudano, *Oberto Scriba di Mercato* (1186), Trino 1940など。

11　海上貸付とは，船主や荷主が航海資金を借り入れる際に，船や積荷を担保とし，航海が無事に終わり船が帰って来られたら元金とともに高率の利息を返済するが，海難事故などで航海を達成できなかった場合には借入金の返済が免除となる金銭貸借のことをいう。損害保険の起源の1つとされ，冒険貸借とも呼ばれる。海上貸付＝冒険貸借については土方 [2008] に詳しい。

とである。それまでも，商行為に関する記録がなかったわけではない[12]。たとえば国王が発給した勅許状や修道士によって記された年代記によってその一端を知ることはできるが，それは事実を再生可能にするという意味での記録からすると十分ではない。そして第二の特徴は，公証人による会計記録それ自体が一種の信用状として機能した（大黒 [1995] 265頁）ということである。

　さきに確認したように，自由職業者であると同時に，公証人はそれ自体が公的な秩序を体現する存在である。商人（正確にいうなら商業を営む組織を含む）が自らの営みの結果を記録することを公証人に依頼したのは，彼らが「文字を知らぬ人」だったからだけではないだろう。確かに，公証人がその記録に用いる文字はラテン語であり，商人が日常的に用いている言語（俗語）とは異なったものである。しかしながら，商人たちが完全に読み書きができなかったということは想像しにくい。というのは，公証人が用いたラテン語は初歩的なものでかつ定型句が多く，日頃，公証人に会計記録を依頼する商人にとって，完全に理解できないものであったものとは思えないからである。つまり，商人は公証人に会計記録の「代筆」を依頼した（大黒 [1995] 265頁）と理解した方が自然であると思われる。商人が期待したのは，あるいは彼らにとって必要だったのは，会計記録が公的な信用を代表する公証人のペンによってなされるということであったのだろう。そして，そのようになされた記録を保持することで，商人たちは自分の財産あるいは利益を保全し，また将来起こりうるであろう紛争を未然に回避することが可能となったのである。

12　ここでいう会計記録とは文字による記録を前提としているが，もちろん文字以前（文字以外）による会計記録の実践は歴史的に検証されている。タリーやキープそれにクレイ・トークンなどは，何らかの価値ある経済財とその増減を記録するために使用されたテクノロジーである（第1章を参照のこと）。

5　会計記録の新しい担い手

　ここであらためて，中世後期における公証人記録を全体的に観察してみよう。前記のジョバンニ・スクリーバが記録した商業取引は12世紀の中期のものであったことに注意しなければならない。このほかの公証人文書においても，13世紀までは商取引に関する契約の記録が多いという。だが13世紀も末になると，公証人の記録は，不動産の売買・賃貸借契約，婚姻契約，遺言，父権解放，といった商人の日常的な営みではないものが大半を占めるようになっていく（徳橋［2000］274-275頁）。

　つまり，公証人は商人の取引を記録することに関与しなくなったのである。その理由として，清水［1978］や徳橋［2000］は，この時期に急成長したイタリア諸都市の経済規模をあげている。つまり，商業の興隆にともなって，記録される必要のある取引の量が膨大にふくれあがり，どんなに公証人の数が増えたとしてもそれを処理することは不可能になったということである。また，橋本［2009］は，①商業活動を迅速に展開するにあたって公証人へ記録を依頼する手続きの煩雑さが障害となった，②固定的・安定的な取引関係のなかで信用関係が確立したことで公証人記録の必要性自体が薄れコスト面からの合理性も失われた，③国際取引が増加することですべての契約を公証人のもとで結ぶことが不可能となった，と清水［1978］・徳橋［2000］の指摘をより説得的に敷衍するとともに，13世紀以降の「商業革命」（Lopez［1976］）と呼ばれる状況の下で新しく創造され複雑に進化していく取引形態を旧来の公証人文書の様式で記録することに限界が生じたのではないかと指摘している。

　いずれにしても，歴史的事実として，13世紀末以降，商取引に対する会計記録の担い手は公証人から別の主体，すなわち商人自身へと移っていくこととなった。

6　むすび

　以上を要するに，中世末期のイタリア諸都市では経済の隆盛とともに「記録」の重要性が自覚されるようになった。それは「書かれた証拠」によって自己の利益を保全し将来の紛争を防止するための知恵であった。記録の対象となったのは商人の取引はもちろんのこと，あらゆる階層の個人の「契約」である。契約の記録が事実の証拠となり社会的な力を有するようになったのである。

　社会的な力とは，すなわち公的な信用であり，それを与えることができるのが公的な人格（persona publica）としての公証人であった（Cipolla [1973]）。公証人は，公証人記録を作成することで個人や組織の財産または利益を保全した。つまり，公証人記録は公証力ある証拠を提供したのである。公証人は官吏ではなく商人や手工業者と同様に自由職業者であると同時に，名目的には王権や教皇権の権威と連なることでその公証力の淵源となっている。

　13世紀まで公証人記録の大方は，商人の日常的な取引の記録であったり，パートナーシップ組織の契約文書であったり，その清算記録（利益分配の記録）であったりと，すなわち会計記録であった。この意味において，公証人とその記録が当時のイタリア諸都市における経済活動の発展と信用社会の成立に果たした役割は大きいと評価できる。また，法律知識とともに，公証人の職能の基礎である（平易で初歩的な）ラテン語は「実用的リテラシー」（大黒 [2010]）として，次第に商人たちのあいだにも浸透していったことは想像に難くない。

　商人たちが平易なラテン語の読み書き能力を身につけたということがやや飛躍しすぎる想像であるという批判を受け入れても，当時において公証人が商人に代わってその会計記録を担ったということが，商人たちが日常語（俗語）での読み書き能力を身につける契機となったことまでは否定できないであろう。

　したがって，13世紀末から会計記録の担い手としての公証人が退出し，その代わりに商人が自然に登場できたと思われる。しかし，この点において新たな

論点が生まれてくる。それは，商人の手による会計記録がいかにして「公証力」を保持できたのか，という点である。これに関しては詳細な検討が必要であるが，ここでは１つの事実を指摘することでその答えの可能性を示唆したいと思う。現存する最も古い勘定記録といわれる「1211年の日付の付されたフィレンツェの銀行家の帳簿」[13]の断片は，先行研究が明らかにしているように，銀行家（＝商人）の金銭貸付とその回収が人名勘定の様式でもって記録されたものであるが，銀行家自らのペンによるものであると推測されている。

　重要なのは，この勘定記録の様式が公証人記録のものと類似しているという点，加えて，公証人記録においても複数の証人の署名が必要であったように，この勘定記録においても，複数の証人の名前が明記されているという点である。しかも，この貸付記録における第一の証人として同一の人物の氏名が繰り返し現れており，この人物は公証人の可能性が高いという指摘がある（Lee［1973a］p.52）。会計記録の作成を直接おこなわなくなったとはいえ，公証人が有する公的な信用は商人の会計記録のなかに継承されていったのではないだろうか。

13　この勘定記録については，次章を参照。

第3章

商人教育と会計リテラシー

1　はじめに

　会計記録を，人や組織がおこなった経済的活動を記録することと考えるなら，いつの時代においても，またどの場所においても，そこに経済活動がある限り，何らかの会計記録が実践されていると想像することは難くない。最も原始的な状況においては，それは人の記憶のなかで実践されるだろうし，やや高度になれば外的な媒体への記録となってあらわれることになろう。その場合，第1章でみたように，多様な記録や計算の方法および様式が存在することが可能となるだろう。

　また，中世イタリアの諸都市においては，商業の隆盛にともなって文字で書かれた会計記録が一般化したが，それには何よりも客観性・証拠性が求められたために，公証人という専門職によって会計記録は実践された。また，商人には公式文書を記述するためのラテン語の読み書き能力がないとされたことも公証人に会計記録を依存する理由の1つであった。しかしながら，商業の発展がいっそう著しくなり，記録すべき事柄の絶対量が公証人の手に余るようになると，会計記録の担い手は，商業取引の実践者である商人自身へと移行していくこととなる。

　本章の目的は，会計記録の担い手が商人自身となるにあたって前提となる，文字の読み書きと計算能力，すなわち商人リテラシーがどのように獲得された

のかについて明らかにすることである。なおその際，前章との関連から，中世末期のイタリアの商業都市における考察に加えて，時代はやや下るが，近世，すなわち江戸時代のわが国の状況についても触れることとする。というのは，近世中期以降の日本の状況は商業が発達し，中世末期以降のイタリアと社会状況において類似しており，また，後の章でとりあげる明治初期における西洋式会計記録技術の移転を考察するうえで重要な関連を有するからである。

2　中世末期イタリアにおける商人のリテラシー

(1)　商人とリテラシー

「商人の指は，いつもインクで汚れているべき」であり，「いつもすべてを書きとめ，あらゆる取引について控え，店に出入りしたあらゆる物品金銭の収支記録を取ることが肝要だ」（アルベルティ［2010］312頁）という初期ルネサンス期の人文主義者であり建築家・近代的芸術理論の先駆者としても知られる「万能の人」レオン・バッティスタ・アルベルティ（Leon Battista Alberti）の言説がしばしば引用される[1]。このことから，遅くともすでにルネサンス初期のイタリアにおいては[2]，商人は自らペンをとって記録をおこなっていたことがうかがえる。この頃になると，商人は，取引の詳細を商業帳簿に記録することや手形の振り出しを自分でおこなうなどのほか，日常の種々雑多な出来事を「覚え書き（recordanze）[3]」と現在では総称されるものに記録することが常態化してさえもいた。商人はもはや，「もの書き商人（marchand ecrivain）[4]」（Bec［1967］）あるいは「文字の人」（大黒［2010］）ともいうべき存在となっていた

1　清水［1982］152頁，大黒［2006］29頁など。
2　「商人の文化は文書化された文化であったし，すでに中世からそうであった。」（Burke［2000］p.155）という言説もあるので，実際のところ，中世末期においては商人は識字能力を備えていたといえるだろう。

のである。

　前章でみたように，中世のイタリア諸都市においては，商人はラテン語による文字の読み書き能力が充分でなかったため，記録あるいは文書の作成が必要な場合は公証人がその役割を請け負っていた。だが，清水［1982］がいう「記録への執念」というメンタリティは，商人が識字能力を獲得し，商人自身の手によって記録がなされるようになることと直接的な関連はない。商業活動すなわち取引を文字によって記録することは，その行為を証拠として残すためにおこなうのであって，だからこそ，公証力ある文書を作成できる公証人が社会的に意義を持ったのである。しかしながら，このような文書記録を重視するメンタリティは，当然ながら一般市民，わけても商人に深く浸透していったことは

3　「覚え書き」にはじつにさまざまなことが記載されている。不動産の売買取引および賃貸取引や金銭の貸借など経済的に重要なものはもちろんだが，家族の出生，死亡，結婚，それに日常的な家計費の支出などである。「覚え書き」は比較的規模の大きな商家の家長によって記録されていることが多い。つまり，ある程度の財産を有する階層の商人がその管理を中心的な課題として「覚え書き」の記録をおこなったことが推察される。その意味で，「覚え書き」は「家」の歴史を記録したものであるといえる（徳橋［1992］）。

4　「もの書き商人」の典型として，たとえば，「500冊ほどの帳簿と会計簿，約300通の共同経営の契約書，保険証券と船荷証券，為替手形と小切手，とりわけ14万通にのぼる書簡，そのうちの1万1千通は私信，残りは商業活動に関する503冊のファイル」を残した，プラートの商人，フランチェスコ・ディ・マルコ・ダティーニ（Francesco di Marco Datini）などがあげられるだろう（Origo［1957］参照）。また，「もの書き商人」をやや広い意味にとらえた研究もある。ルネサンス期になってからのことではあるが，大黒［2010］では，「市民が日常の些事を形式にとらわれず書き綴るなかから，文字を知的活動の用具とし，書くことに喜びを感じるような人々，すなわち『作家』と呼びうるような著者が現れてくる」（196頁）といい，『デカメロン』や後述する『新年代記』を著したジョバンニ・ボッカッチョやジョバンニ・ビッラーニをあげている。また，大黒［1983］［1986］［2006］［2010］は，ベネデット・コトルリ（Benedetto Cotrugli）をとりあげて，「もの書き商人」の意味について掘り下げている。コトルリが1458年に著したとされる『商業技術の書』（*Il libro dell'arte di mercatura*）は，「商業実務の解説，商人を志す若者のための指南を意図して書かれたもの」（大黒［2010］30頁）であり，商人論・商業論といった性格のものである。もちろん，簿記会計の領域では，コトルリの著書は，のちの章で述べるように，ルカ・パチョーリの『スンマ』に先んじて複式簿記の技法が論述されているものとして有名である。複式簿記に関してコトルリを詳細に検討したものに岸［1983］，片岡［2007］，Kataoka［2006］がある。

容易に想像できる。

　中世からルネサンスへの移行期において，商人が「文字の人」となって登場するこのような状況の転換が生じるには，まずもって商人自身が文字の読み書き能力，すなわち「リテラシー」を獲得する必要がある。そこで，ここでは，当時の商人たちがいかにしてその能力を身につけていったのかを概観することとする。

　まず，ヨーロッパを代表する歴史家であるアンリ・ピレンヌの次のような記述を紹介しよう（Pirenne［1927］邦訳198頁）。

> 　12世紀の半ばになると，市参事会は，古代の終焉以降におけるヨーロッパ最初の世俗学校である学校を，市民の子弟のために作ることに熱心であった。この学校の出現によって，教育は，修道院の修練士や未来の聖堂区司祭だけにその恩沢を頒ち与えるものではなくなる。読み書きの知識は，商業を営む上に必要不可欠であるからにして，もはや聖職者身分に属する者だけが独占するものではなくなる。市民は，貴族にとっては知的贅沢にすぎなかったものが市民にとっては日常欠くことのできないものであったが故に，貴族よりも先に読み書きの知識を身につけた。

　時代は進んで，14世紀半ばにフィレンツェの銀行家として活躍したビッラーニ（Giovanni Villani）[5]はその著書『新年代記』（*Nuova Cronica*）のなかで，1338年から1339年頃の状況を描写した項で，当時のフィレンツェの教育事情に関して頻繁に引用される[6]以下のような記述を残している。

5　ビッラーニは，複式記入による会計帳簿を現在に残したバルディ銀行（商会）やペルッツィ銀行（商会）において，会計実務に携わっている。これらの会計史料に関する考察としては，たとえば，Peragallo［1938］pp.20-22, Melis［1950］pp.496-507, Raymond de Roover［1956］pp.128-130, 泉谷［1964］154-158頁などを参照。

6　Cipolla［1969］pp.45-46, 清水［1982］22-23頁，児玉［1993］72頁，徳橋［1995］46頁，池上［2007］188頁。

われわれの知るかぎり，8,000人から10,000人の男子と女子が読むことを学習している。6つの学校でアバコとアルゴリズモを習っている男子は1,000人から1,200人ほどである。そして4つの大きな学校では550人から600人ほどが文法と論理学を学んでいる。

　この記述における生徒数はしばしば誇張であると批判される[7]が，その数値の正確性は別として，ここには注意すべき当時の商人教育の制度的特質を読み取ることができる。それは学習の段階的な進め方である。ビッラーニの記述からすると，当時の商人教育は，第1段階として「読むこと」，すなわち文字の読み書きを学習すること，第2段階として「アバコとアルゴリズモ」，すなわち計算技術を習得すること，そして，より少人数の者たちが学ぶ3番目の段階である「文法と論理学」から構成されている。だが，第3の段階はいわゆるラテン語の文法学校[8] (scuola di grammatica) のことであり，そこでは，文法のほか修辞法や公証術が教えられたという（徳橋 [1995] 48頁，山本 [2007] 6頁）。したがって，商人教育にとってとりわけ意味が大きいのは，第1段階と第2段階の「読むこと」と「アバコとアルゴリズモ」である。

　そこで「読むこと」である。一般に，ここで教えられた文字は「俗語」（vernacular），すなわち，ラテン語ではなく日常においてその地方で話されている言語であると理解されることがあるが，最近の研究によれば[9]，商人の子供たちが5歳ないしは6歳前後で最初に学ぶのは俗語ではなく，じつのところ

7　上記注6の文献などを参照。
8　山本 [2007] の解釈によれば，文法学校で学んだのは，商人の子供たちではなく，都市国家の上級官僚，医師，法律家などの知的専門職になる，いわゆる上流階級の子弟であり，この意味で，中世末期からルネサンス期にかけてのイタリア諸都市，とりわけフィレンツェにおいては，「2つのクロス・オーバーすることのない教育潮流が並存していた」（7頁）という。だが，他方で，「公証術を教える教師や『文法教師（grammaticus）』が開いた学校もまた，商業活動から生じる必要を充足する学校であった」（児玉 [1993] 71頁）と説明するものもある。
9　たとえば，Black [2007] によれば，読み書き教育に俗語が取り入れられるようになったのは，15世紀になってからのことである。

初歩的で簡易なラテン語であったのである（Black [2007] pp.54-55）。

　商人はなぜ，実際には自ら書くことのないラテン語を学習したのだろうか。もちろん，当時のイタリア市民社会のすべての構成員にとって公証人によって作成された文書や法令その他公文書を理解することは重要であったし，しかもそれらはラテン語で書かれていたので，ラテン語を読むことができることは，都市において生活する上での必要条件となっていたであろう。だが，この問題に対して，大黒［2010］は次のような興味深い論点からの説明を与えている。それは「ラテン語が文字と書き言葉の世界に入っていく入り口であった」（192頁）というものである。つまり，読み書きの技術を習得するにあたっては，まずもって書記言語であるラテン語を学習することが肝要であった。その理由として，俗語が，「11世紀までは（古英語をのぞけば）ほとんど声の世界のみに存在していたのに対し，同じく9世紀に話し言葉であることをやめたラテン語は，その後一貫して書き言葉の王者として君臨してきた。それゆえ，長く声の世界に生きてきた俗語が12世紀以降，文字の世界に参入しようとしたとき，ラテン語に範を求めたのは自然ななりゆきであったといえよう。ラテン語は文字そのものから始まってさまざまな書字の技法にいたるまで，書くのに必要な約束ごと一切を俗語に示してくれたのである」（大黒［2010］193頁）と説明している。つまり，本来，俗語は音声言語であって文字を背景に有しているものではない。商人が文字を獲得するにあたって，文字そのものと実質的に同義であったラテン語から学びはじめたのであろうという推論である。このようにして，商人は「ラテン語に導かれて俗語を書く」（大黒［2010］192頁）ようになっていった。

(2) 商業算術

　文字の読み書き能力を学習した商人の子供たちが次の教育段階で学んだのが，「アバコ（abbaco）とアルゴリズモ（algorismo）」である。アルゴリズモとは「アラビア数字を使う計算術」（徳橋［1995］47頁）のことである[10]。また，ア

バコはしばしば「算盤」あるいは「算板」と表現されることがあるが，特定の計算具としての「算盤」(abbacus) というよりも，筆記計算のために利用される道具類といった広い意味をもつし[11]，より広義には，商業を目的として「インド・アラビア数字」を利用した計算技術のことを意味する[12]。

この時代の商人の子供たちが学んだ計算の知識と技術は，「インド・アラビア数字」と緊密な関係を有する。ヨーロッパがインド・アラビア数字と出会うのはイスラム社会との接触に始まる（山本［2007］314頁）。それは先駆的には10世紀のことであったといわれるし，また，イスラムの科学者であるアル・フワーリズミー (al-Khwārizmī) が820年に著したとされる『約分と消約の計算の書』(hisāb al-jabr wa'l muqābala) がラテン語に翻訳されてヨーロッパに伝えられたのは12世紀のことであったとされているが，インド・アラビア数字がヨーロッパへ移転された決定的な契機はフィボナッチ (Fibonacci) として知られるレオナルド・ピサーノの登場を待たなければならなかった。

フィボナッチことレオナルド・ピサーノ (Leonardo Pisano)（ピサのレオナルドの意味）は全15章からなる『算数の書』(*Liber Abaci*) を1202年に著した[13]。一般に数学史の領域において，この文献はいわゆるフィボナッチ数列の紹介などで着目されてきたというが，何といっても，インド・アラビア数字の導入とそれによる記数法の解説にここでの関心は集中される。『算数の書』の冒頭に次の記述が掲げられている（橋本［2009］62頁）。

---

10 アルゴリズム (algorithm) という表現は，こんにちでは，問題を解くための計算手段あるいはその処理手順のことであるが，この当時においてはインド・アラビア数字とこれを用いた計算方法を意味した（橋本［2009］80頁）。また，後述するイスラムの科学者，アル・フワーリズミーの名前 'Algoritmi dicti'（アル＝フワーリズミーに曰く）に由来するという（橋本［2009］80頁）。

11 「算盤」については，たとえば，メニンガー［2001］147-280頁，マホーニィ［2007］136-145頁を参照。

12 van Egmond［1976］p.17, Grendler［1989］pp.306-307を参照。

13 フィボナッチとその『算数の書』についての記述はあまたあるが，ここでは主として山本［2007］317-323頁および橋本［2009］56-80頁の記述に依拠している。また，現代的な英語で翻訳したものとして Sigler［2002］がある。

インドの9つの数字は，9，8，7，6，5，4，3，2，1である。これらの9つの数字とアラビアでは zephirum とよばれる記号0を用いれば，どんな数字も書き表すことができる。

同書の第1章から第7章までは，インド・アラビア数字による記数法，すなわち「十進位取り記数法」の紹介と整数および分数についての四則演算について解説している。会計にとってより重要なのは，以下の，第8章から第11章にわたる記述である（橋本［2009］60頁）。

  第8章 商品及び同等品の仕入と販売
  第9章 商品の交換，硬貨の購入，及びこれらに関連する法則
  第10章 出資者によって結成された組合
  第11章 貨幣の合金の法則

これら4つの章は，そのタイトルが表現するように，もっぱら商業に関わる問題の説明にあてられている。インド・アラビア数字が商業を実践する上でいかに有用であるかが語られているのである。つまりフィボナッチは，計算技術を実用性あるものとする「実用数学」あるいは「商業算術」ともいうべき新しい領域をひらいたということができる[14]。

そして，実際に，フィボナッチがヨーロッパにもたらした新しい分野である商業算術が展開されたのは，前述したように，中世末期からルネサンス期にかけての商人の子供たちのための教育の場においてのことである。これら「アバコとアルゴリズモ」すなわち商業算術を教える教師のことは「アバキスタ」

---

14 こんにちでは，「西洋数学の新しい時代はフィボナッチとともにはじまる」などという賞讃は絶えないが，この時代の高等教育において，彼の評価は低くほとんど無視されていたという。じじつ，1202年に出版された『算数の書』は1228年にその改訂版が出されてはいるが，活版印刷されたのは，じつに650年も経った1857年のことであった。山本［2007］322–323頁を参照。

(abachista) と呼ばれた。アバキスタの教える知識は都市住民である商人の子弟にとって現実的な教育要求にかなう内容のものであった。

　ここで重要なのは，商業算術の知識を伝達するメディアとして「教科書」が生み出されたということである。

　商業算術の教科書について研究したファン・エグモンド（Warren van Egmond）によれば，13世紀から15世紀にかけて，300冊に及ぶ膨大な数の現存する商業算術の教科書がイタリアで発見され調査されている（van Egmond [1988] p.129）。ただし，もちろんそのほとんどは手稿本（manuscript）である。しかし，職業人としての算術教師であるアバキストと彼らが著した教科書によって，商人社会にインド・アラビア数字を用いた商業算術が深く広く浸透していったことは容易に想像できる。

3　近世日本における商人のリテラシー

　前節では，中世イタリア商業都市の商人社会において，会計技術が社会的知識として普及していくまでの過程を観察してきた。そこにおいては，読み書き・そろばんという，商人がもつべきリテラシーと教育およびそれをめぐる社会システムと関連させながら論じてきた。本節では，近世の日本において，商人のリテラシーがどのように獲得されていったのかに関心を向けて考察していくこととする。

　周知のように，明治維新前後から，西洋諸国における技術や社会制度や文化や思想まで，非常に多くが紹介され，近代的な新国家建設を目指す日本および日本人は，その摂取に貪欲であった。とりわけその初期において近代化は西洋化とほぼ同意義であった。したがって，一般的に，日本における会計技術と知識の普及については，明治時代からその考察をはじめることが多い。しかし当然ながら，近代以前においても日本の商業は盛んに発達しており，いくつかの商家においては高度に洗練され組織管理の目的に適合的な会計システムが機能

していたことが実証されている[15]。つまり，庶民階級である商人は近世においてすでに文字の読み書きと計算能力を身につけており，彼らは独自の会計リテラシーを有していたことになる。そこで，近世と近代との関係性を意識しながら，商人のリテラシーとその背後にある教育から検討していくこととする。

江戸時代末期における日本人の識字率の高さは世界で類をみないほどであったといわれる。支配階級であった武士だけにあてはまることではなく，都市に住む商人，さらには，中層以上の農民ですら文字の読み書き能力をもっていたとされる。社会にはあらゆる種類の本があふれ，庶民はそれらから生きていく上での知恵を学び，また楽しんだのである。17世紀以降の日本はすでに成熟した「文字社会」であった（辻本［2010］）。

この時代に書かれた文書資料は膨大であるといわれている。とくに「民衆文書」と一括される，訴訟関係文書，売買・賃借・契約等の証文類，家計簿や商業帳簿，日記や手紙，それにメモなど，現存する資料はじつに多岐に及ぶ。それはあたかも中世末期のイタリア都市において「文書主義」の文化のなかにあった商人の社会を彷彿させる。またこのような文字社会が成立する要因としても，イタリア商業都市の場合と同様に，経済の発展とそれにともなう都市の形成をあげることができるだろう。

もっとも，近世を文字社会として成立させることとなった直接の要素は庶民に対する教育である。社会が商人に代表される庶民階層に文字の読み書き能力を要請し，それに応えるための教育システムが形成されたのである。一般に「寺子屋」[16]といわれる文字学習所がそれである。一概に寺子屋といっても，教育の質や内容，学習者の階層，教師の身分，運営や規模など，その実態はきわめて多様であった。しかし，文字の読みと書き，それにそろばんを用いた簡単

---

15 たとえば，小倉［1962］，河原［1977］，西川［1993］などがある。
16 寺子屋とは，文字どおり，本来的には中世の寺院においておこなわれた世俗教育にその源があると考えられている。また，Dore［1965］によれば，寺子屋という呼称は主として関西以西におけるものであって，江戸では「手習所」と呼ばれていたという（Dore［1965］（邦訳）252頁）。

な計算など初歩的なリテラシーを身につけさせたことではほぼ共通している。近世に出現したこの普通初等教育で学んだのは，主として6，7歳から12，3歳くらいまでの庶民階層の子どもたちであった。寺子屋は全国的に出現しており[17]，江戸時代から明治初年に至るまでに，その数は総計で1万5千以上にものぼる（梅原［1988］296-297頁）という。

　寺子屋における教育の社会的要請が高かったのは，いうまでもなく都市においてである。江戸や大坂や京都などの大都市の寺子屋は規模も大きく，そこで教える教師たちは，それを専業とする者が普通であったという。この点においても，中世イタリアの商業都市における「知識」を「商品」として売る「商人としての教師」（児玉［1993］，Burke［2000］）と類似している。

　さて，庶民に対する教育機関として機能する寺子屋では，何がどのように教えられたのであろうか。もちろん，読み・書きであるので，字を書くことすなわち習字と，読むことすなわち読書であるが，ここで注目すべきは，これらを教育する際のメディア，すなわち教科書類である。とくに重要なのは「往来物」と呼ばれるものである（石川［1988］）。もともと，往来物という呼称は，上世すなわち平安時代後期以降に現れる往復書簡の形式をとった文例集に由来するが，その実態は，はじめから初歩的な学習のための教科書として作成され編まれたものである。「いろは」から始まる文字習得の次の段階において，これら往来物を用いた教育が実施された。子どもたちは往来物を手本に習字をし読書をすることで用語・文章表現・書式などを学ぶと同時に，そこに書かれている内容について学習した。つまり，往来物に記述されている内容は，日常生

17　寺子屋が全国規模で普及したことは事実であるが，もちろん地域によってその密度には差があった。梅原［1988］が明らかにした数字は明治時代に文部省によって実施された調査結果を公表した『日本教育史資料』にもとづいているが，この調査自体の精密さに地域間でのばらつきがあったことなどが指摘されている。もちろん，地方都市でありながら非常に多くの寺子屋が存在した長野や岡山や山口などは，もともと教育熱心な風土があったとか，反対に有力な藩の1つでありながら極端にその数が少ない鹿児島においては，人口に占める武士階級の比率が非常に高く，そもそも寺子屋での学習対象者である町人階層がきわめて少なかったなどという説明も可能である（梅原［1988］298-299頁）。

活で必要なさまざまな知識と社会生活上の礼儀や徳についてであった。代表的なものは，南北朝末期から室町時代前期頃に成立したとされる『庭訓往来』である。そこには，衣食住・職業・領国経営・建築・司法・職分・仏教・武具・教養・療養など，多岐にわたる一般常識について記述されている。多くの単語と文例が学べるよう工夫されているだけでなく，絵による描写があるなどわかりやすさを追求している。『庭訓往来』は時代を超えた多くの普遍的な社会常識をその内容としているため江戸時代に入っても寺子屋の教科書類として用いられ続けた。中世末期までに編まれた往来物（これらは「古往来」と称される（石川［1949］））は，その長い歴史にもかかわらず現存が確認されるもので40ほどしかない。

　しかし，江戸時代になると，新たな往来物が次々と現れるようになる。ここでの関心からとりあげるのは『商売往来』[18]である。その冒頭は次の文言で始まる。

　　凡商売持扱文字　員数取遣之日記　証文注文請取質入算用帳目録　仕切之覚也
　　（おょそしょうばいもちあつかうもじ　いんずうやりとりのにっき　しょうもんちゅうもんうけとりしちいれさんようちょうもくろく　しきりのおぼえなり）

　すべて漢文調（擬漢文体）で表記されているが，ひらがなが付され簡単に読み下せるように工夫されている。全体的には，実際に商売をおこなう上で知っておくことが必要な用語や商品名などが羅列されるとともに，商人としてあるべき生活や心構えなどについて述べている（石川［1988］）。これはあたかも，コトルリの『商業技術の書』を含むルネサンス期のイタリアで現れた「商売の手引き」と同様の性格のものであるといえるかもしれない。

　『商売往来』は版を重ねただけでなく，50種類以上にも及ぶ数多くの異版も存在した。さらに，『増続商売往来』『新続商売往来』『女商売往来』『教化増補日用商売往来』などなど，類書や改纂本も多いという（仲［1949］56頁）。

　また，商人になるにあたって必要な計算能力についての教科書としては『塵劫記』がある。『塵劫記』の内容の多くは日常生活，とくに商業生活に関連す

18　『商売往来』については，たとえば三好［1987］などを参照。

るものであり，まさに商業算術書である。これも非常に長い間にわたって版を重ねただけでなく，多くの異本や類書が現れている。

このように，近世においてはすでに商人に代表される庶民の教育メディア，すなわち知識の伝達メディアとしての教科書類が社会のなかで一般化していた。この事実の背景には，近世の日本においては商業出版がすでに社会的装置として存在していたことがあげられる。最初に日本で書籍出版を専門の生業とした者は17世紀前期の京都において現れている。そして17世紀の後期には大坂に，18世紀の中期には江戸へと広がり，19世紀までには地方都市にまで普及していたとされている（長友［2002］）。また，標準化された書き言葉が実質的に確立し，これら近世の教育メディアによって全国的に普及していたことの意義も大きい。

寺子屋の普及とあいまって商業出版が確立することで，近世日本における商人知識の「商品化」は急激に促進された。

近世日本での，教育の場の普及と教育メディアの一般化は，近代に対しての貴重な遺産となる。教科書に文字で書かれることによって，しかもその文字は均質化されたものであるので，技術や文化や道徳に関する知識は標準化され，しかも多数を相手に伝達することが可能となる。後述する，近代日本における教育制度の国家的整備は，この近世の成果を大きく受け継いで展開していくことになるのである。

だが，ここで留意すべきは，中世末期のイタリアでの商業算術の書籍などとまったく同様に，近世の日本におけるこれら商人のリテラシー獲得のための媒体にも，会計記録の技術習得に関する記述は一切なかったということである。

4　むすび

以上のように，本章では，会計記録を実践する際の前提となる，読み書き・そろばんといった商人リテラシーを主題として，中世末期からルネサンス期に

かけてのイタリアの商業都市と，近世のわが国を比較することで，そこにおける特徴点を明らかにするという目的をもって検討してきた。

その結果，いくつかの類似点を確認できた。当然ではあるが，読み書きは商人に必須のリテラシーであるということである。中世末期のイタリア商業都市においても江戸時代の日本においても，商人が文字文化の担い手であった。また，計算技術の習得の必要性は，商業算術という分野を確立させるほどに社会的に高まっていった。

これら必要な商人リテラシーを獲得するために，学校という社会装置が整備されていくことになる。そこでは知識を提供する教師が誕生し，また，知識や技術を伝達する媒体である教科書が製作されることになった。イタリアにおいては，商業算術に関する教科書類が，後世になると，会計記録の教科書へと展開することになっていくのだが，中世末期の時点においては，会計記録の様式すら定型化されてはおらず，それは複式記入の成立と普及以降の課題である。

第4章

勘定記録の生成

1 はじめに

　繰り返すまでもなく，「商業革命」（Lopez [1976]）といわれる商業勃興期以降，イタリア諸都市における商人たちの社会生活が文書主義と呼ばれるメンタリティの上に構築されるようになると，商人自身が自らペンをとってあらゆる記録をおこないそれを保存していくことは，生きる上での必須事項となっていったことを理解してきた。文書記録は証拠であり，それがなければ商人たちは自身の権利・財産・利益を守ることができなくなるおそれがあった。さらに，商業の発展にともなって複雑さを増していく取引，たとえば，国境を超えた交易にともなう通貨の換算，度量衡の換算，それに為替手形などを問題なく処理していくためには，一定の計算能力が必要であった。前章でみたように，文字の読み書きと計算の能力を身につけた商人は，13世紀以降になると，手をインクで汚して，会計記録をはじめ，あらゆるおこないについて自ら文書を作成するようになっていったのである[1]。

　これまで，簿記会計史の研究において，「複式簿記」の起源についてしばしば議論されてきた[2]。これらの議論から導かれた結論は，こんにちの複式簿記

---

[1] ただし，遺産相続や土地の売買契約，それに婚姻契約などは依然として公証人による記録が必要とされたという。清水［1978］2-4頁，德橋［1995］51頁を参照。

の原型が中世イタリアにおけるいくつかの商業都市において,それぞれ芽生え発展してきたというものである。そして,それぞれの起源説を主張する根拠となったのが,これら商業都市で実践された会計記録が現存していることである。その場合,それぞれが根拠とする会計記録のどのような点が複式簿記成立の要件として考えられてきたのであろうか。

そこに共通する最も基本的な要件は「勘定」の存在である。すなわち,複式簿記にとって,記録や計算の単位として勘定を備えていることが成立のための最低要件と考えることができる[3]。

本章の目的は,商人による会計記録について記録自体,とりわけその様式に内包される特性と意義を明らかにすることである。具体的には,現存する商人による会計記録について,その様式を観察し,複式簿記への展開との論理的関連性について考察するとともに,公証人による会計記録での最大の意義であった公証力すなわち客観的証拠能力が,商人による会計記録のなかでどのように継承されたのかを検討することである。

2 現存する主要な会計記録

経済活動の記録や計算に関する歴史的事実を確認する場合,当然のことながら,それらが記録された書類を考察の対象とする。現存する12-15世紀のイタリアの会計記録については,簿記会計史研究でこれまでとりあげられた主要な資料が泉谷［1997］において紹介されている。それをリストにして示せば4-1のとおりである。

---

2 複式簿記の起源については多くの簿記会計史研究において議論されているが,たとえば次のものを参照。江村［1953］119-187頁,小島［1961］1-41頁,田中［1961］15-25頁。
3 もっとも,勘定の存在だけをもって複式簿記成立の要件ということはできないのは明らかである。勘定が,意味のある体系的に組織化された1つのシステムとして存在することこそが,複式簿記成立の要件であることはいくつもの研究によって指摘されている(小島［1965］30頁,中野［1992］3頁,中野［2002］26頁)。

第4章　勘定記録の生成　67

【4-1】　イタリアに現存する主要な会計記録（12世紀から15世紀まで）

番号	記録期間	資料
1	1156-1158	ジェノバの公証人 Giovanni Scriba の当座組合に関する清算記録
2	1211	フィレンツェ一銀行家の顧客別貸付金記録
3	1241-1272	Combio e Giovanni di Detacomando の穀物貸付記録の断片
4	1255-1262	Ugolini e Comp. のシャンパーニュ定期市での帳簿記録
5	1255-1290	ストレーダ渓谷近辺での土地購入記録
6	1259	シエナ市政府の現金出納帳
7	1259-1267	Castra Gualfredi e Comp. の元帳から抜粋した公証人の計算書
8	1262-1275	Bene Bencivenni の第1貸付簿
9	1264-1284	オルメ渓谷周辺での土地購入記録
10	1272-1277	Riccomanno Iacopi 銀行の帳簿
11	1272-1278	Baldovino Iacopi Riccomanni の遺産運用簿
12	1274-1310	Gentile de' Sassetti と彼の息子の元帳
13	1277-1296	Bene Bencivenni の第2貸付簿
14	1278-1279	Stefano Soderini の記録したピサの商品積送記録
15	1279-1280	Marca の Niccolo Ⅲ の収支記録
16	1281-1297	Lapo Riccomanni の元帳雑記帳
17	1288-1290	プラートの Cepperello Dietaiuti の収支記録
18	1290-1295	Compagno Ricevuti の記録した Paghino Ammanatti の遺児 Perotto と Fina の帳簿
19	1290-1324	messer Filippo de' Cavalcanti の個人記録
20	1291-1298	messe Consiglio de' Cerchi の債権取立簿
21	1291-1300	Dego Genovesi の息子 Noffo と Vese の元帳
22	1292-1293	Filippo Peruzzi e Comp. della Tavola の元帳から抜粋した公証人記録
23	1296-1305	Rinieri Fini de' Benzi とその兄弟の元帳
24	1299-1300	Matino Mannucci の記録した Giovanni Farolfi e Comp. サロン支店の元帳
25	1304-1332	Alberto del Giudice e Comp. の小財産帳（秘密帳）
26	1305-1308	シエナ商人 Garellani e Comp. ロンドン支店の現金出納帳
27	1306-1307	Garellani e Comp. パリ支店帳簿
28	1308-1312	Arnodo d' Arnoldo dei Peruzzi の秘密帳
29	1308-1326	Gitto d' Arnoldo dei Peruzzi の秘密帳
30	1311-1312	イギリス Frescobaldi e Comp. の帳簿
31	1318-1324	Francesca del Bene e Comp. のP帳簿，反物売買帳，黒帳（一般元帳），現金出納帳
32	1321-1325	フィレンツェの銀行家 Nicchiolo Gianfigliazzi の黄帳と相続簿
33	1322-1325	Rinuccio di Nello Rinuicci の帳簿
34	1332-1335	ルッカの Geri Burlamacchi e Comp. の秘密帳
35	1332-1337	Corbizzi e Comp. の朱帳C
36	1335-1343	Peruzzi e Comp. 第6秘密帳と第6一般元帳
37	1336-1340	Covoni e Comp. の黄帳
38	1336-1360	Charoccio di Lapo del Giudice の青色秘密帳C
39	1340	ジェノバ市政庁元帳
40	1340-1466	ジェノバ市政庁元帳
41	1355-1371	Francesco di Iacopo del Bene e Comp. の白帳
42	1366-1411	Francesco di Marco Datini の帳簿
43	1382-1403	Paliano di Falco Paliani の白帳
44	1391	パドバの Lippi & Del Bene 銀行の帳簿
45	1394-1400	ミラノの Banco Del Milano の元帳
46	1396	Aliprando Serrainerio の旅行小元帳
47	1396-1397	ミラノの Serrainerio & Dugnano の元帳
48	1406-1434	Soranzo 兄弟の新元帳，1410-1417同旧元帳
49	1408-1441	San Giorgio 銀行の日記帳 memoriale と元帳 cartulario
50	1420-1615	ミラノの Borromeo 家の帳簿
51	1431-1483	Barbarigo の仕訳帳と元帳
52	1436-1440	Giacomo Badoer の帳簿
53	1456-1459	ジェノバ商人 Giovanni Piccamiglio の元帳

（泉谷［1997］323-330頁より作成）

これによると，イタリアに現存する最も古いとされる会計記録は，1156年から1158年にわたる当座組合に関する記録[4]である。これはジェノバの公証人であったジョバンニ・スクリーバによって記録されたものである。その内容は，2人の商人，すなわち，インゴ・ダ・ボルタ（Ingo da Volta：資金の拠出者）とアンサルド・バイアラルド（Ansaldo Baialardo：旅商）との間での3年間（年1回3度）にわたる組合の契約および清算に関する記録である。とくに注目すべきは，組合事業を清算する際の利益の算出過程である。そこでは，事業結了時における財産有高を棚卸しによって求め，それと事業開始時の投下資本の額を比較するという，いわゆる財産法による利益計算がおこなわれている（de Roover, F. E.［1941］pp.88-90，泉谷［1997］6-11頁）。すなわち，そこには，勘定による記録はおこなわれていないし，また，継続的かつ体系的な記録も存在しないことになる。

　また，12世紀から15世紀において記録された現存会計記録に関するこのリストを通覧すると，公証人による会計記録（資料番号7・9・22）やシエナ市政庁やジェノバ市政庁など公的組織の会計記録（資料番号6・39・40）など，商人ではない主体によるものがところどころにみられるが，それ以外はほとんどすべてが商人自身によって記録され残されたものであることがわかる。なかには，ペルッツィ商会（資料番号22・28・29・36），リニエリ・フィニー（資料番号23），ファロルフィ商会（資料番号24），デル・ベネ商会（資料番号31・41），フランチェスコ・ディ・マルコ・ダティーニ（資料番号42），ソランツォ兄弟（資料番号48），サン・ジョルジョ銀行（資料番号49），ボロメオ家（資料番号50），アンドレア・バルバリゴ（資料番号51），ジャコモ・バドエル（資料番号52）など，これまで会計史の研究分野でしばしば検討されてきたものも多く含まれている。

---

[4] この会計記録は，ジェノバの公証人だったジョバンニ・スクリーバによるコンメンダ契約に関する会計記録である。同会計記録に関しては，たとえば，de Roover, F. E.［1941］pp.86-90，泉谷［1964］115-118頁，泉谷［1997］4-19頁などを参照。また，同会計記録はジェノバ文書館（Archivio di Stato di Genova）に所蔵されている。

商人自身による会計記録のうち，その現存が確認される最古のものは，取引がおこなわれた1211年の日付が付されているフィレンツェのある銀行家による金銭貸付に関するものである。ここで，銀行家（banchieri）とあるが，中世における「商人」と「銀行家」の関係について次のような説明がある。

> 中世には，商人＝銀行家という新しい社会階層が現れるのです。当時はこの２つの職業は分かちがたく結びついています。11世紀まで通商はほとんど発達しませんでした。……専門的商人はほとんど存在していませんでした。……ところが，12世紀において，商人たちが現れ，その活動はただちにもう１つの側面をもつようになります。これが銀行家です。……商人は実際，方々を渡り歩く間，通貨を両替したり，贋金でないことを証明してもらったりといった必要が生じます。このような両替業は，人がその上で業務を行ったカウンター（イタリア語でbanco）からその名〔銀行〕を取るわけですが，これにより商人は価格差益を利用することが可能になります。商業が活発になるにつれ，商人たちは為替手形を考案して正金を持ち運ぶのを避けるようになります。この手形のおかげで，商人から商人へある金額が書状によって貸し付けられ，のちにそれが他のところで返されるということができるようになります。これはですから，定期で信用貸付をしているわけです。商人はこうして別の場所，別の通貨にも介入します。信用取引は両替取引と一体になります。この２つの業務は利子を生みます。為替手形そのものを対象とする市場も生まれます。手形の売買，交換などが行われるのです。　　　　　　　　　　（ル・ゴフ［2005］131-132頁）

つまり，中世の「商業革命」の時代において，銀行家（両替商）こそが，複雑な金融取引の時代のなかで生まれた新しい意味での「商人」として存在することとなったのである。

では，次節以降では，現存する最古の商人による会計記録について論じていくこととしよう。

3　1211年の勘定記録に関する先行研究

(1)　言語学の研究対象：資料の発見

　フィレンツェのある銀行家によってなされた1211年の日付をもつ勘定記録[5]を最初に学術誌において紹介したのはSantini [1887] であるとされている。もっとも，同記録の存在が最初に確認されるのは18世紀終わり頃に作成されたラウレンツィアーナ図書館（Biblioteca Medicea Laurenziana）の所蔵目録[6]においてである。そこにおいて，**4-2**のような書誌情報が与えられている。しかし，そこでは，同勘定記録は1211年から1290年にわたるものであるなど誤りがあると指摘されている[7]（Santini [1887] p.161, Lee [1972] p.29）。

【4-2】　バンディーニの目録における書誌情報

Cod. LXVII.	DIGESTVM NOVVM CVM GLOSSA. Digestum Novum, sive Digestrorum Volumen Ⅲ. continens Libros XII. Posteriors, scilicet a XXXIX. usque ad L. inclusive, cum glossa marginali. Lib. XXXIX. Tit. I. *De operas novi nuciatione inc. Vlpianus. Hoc Edicto promittitur, ut sive iure, vus reip. Caussa abesse non potest. Glossa inc. Immo & in eo quod iuste nunciat praestita satisdatione fit remissio; unde expone hactenus pro ideo ; & quatenus pro guia & c. Des. praeterquam si dicatur abfuisse caussa reipubl. servus reipub. abesse non potest, ut s. siquis contr. L. siquis.* In primo folio habetur Index Rubricarum huius voluminis, ac praetereatam in ipso, quam in ultimis foliis sub anno MCCXI. MCCXC. Adnocuius, qui mercaturam Florentiae exercebat.　　Codex membranac. MS. In folio maximo Saec. XIII. ut supra, binis columnis, optime servatus. Constat foliis scriptis 228.

5　ここで「勘定記録」と表現している理由は，この会計記録が貸付相手，すなわち顧客をそれぞれ独立した単位として識別して貸付とその回収が整理されていることによる。以下，便宜的に，たんに勘定記録（あるいは資料）と表記することがある。

その後100年あまりの時間を経て，サンティーニがこの勘定記録のほぼ全文の解読に成功した。言語学者であるサンティーニの関心は，もっぱらこの資料が初期のトスカーナ地方における言語の散文で記述されていることにあって，それが会計記録であるということにではない。しかしながら，彼の最も大きな功績はこの勘定記録を活字でおこし，判読可能にしたことであろう。以降，彼の業績は同勘定記録に関する研究にとって基礎的な素材となっていった。

4-3に示したのは，同勘定記録をとりあげた主要な先行研究である。

(2) 簿記会計史の研究対象：借方・貸方そして振替記入

会計学の研究対象として同勘定記録をとりあげた初期のものにSieveking [1901]，Penndorf [1913] [1933] などがある。

その中でも先駆的なSieveking [1901] は，Santini [1887] の活字による勘定記録の翻刻を参照しながら，そこにおいて「彼はわれわれに与えなければならない no die dare」，「彼は受け取らなければならない die avire」あるいは「彼はわれわれに与えなければならない ci a dato」の表記があることを発見し，これらを「借方」「貸方」の原型と指摘し，同資料に対して会計学的研究の端緒を切っている（Sieveking [1901] S.305）。なかでも注目されるのは，2つの勘定間での振替記入（übertragung）がおこなわれていることを重視している点である。この指摘こそが，同勘定記録が，その後，現存する最も古い勘定記録であると同時に，また，そこに複式簿記の淵源を見出そうとするそれ以降の会計学研究の基礎となっていった。

1211年の勘定記録を英語文献で最も初期にとりあげたBrown [1905] は，同資料をたんなる備忘のための記録であって「体系だった簿記ではない」と評価

6　この所蔵目録はバンディーニ（Bandini, A. M.）によって編纂されたものである。
7　バンディーニの所蔵目録によると，この勘定記録について"sub anno MCCXI, MCCXC notta sunt varia nomina debitoris alicuius qui mercaturam Florentiae exercebat"と記されている。

【4-3】 主要な先行研究

先行研究	特徴
Santini [1887]	中世トスカーナ地方の言語記述に注目。記録内容を解読しさらには活字で翻刻。
Monaci [1889]	表現を若干（近代的に）修正して活字に翻刻。
Sieveking [1901]	簿記会計史の観点から検討。借方・貸方表記の原型を見出す。さらに，振替記入の存在に着目。
Brown [1905]	Sieveking [1901] に依拠しながらも，この勘定記録からだけでは複式簿記とはいえないと評価。
Woolf [1912]	Sieveking [1901] に依拠しながら，そこに複式簿記のほのかな起源を見出すと評価。
Penndorf [1913]	Sieveking [1901] に依拠しながら，同様に，借方・貸方の原型と振替記入に触れている。
Besta [1922]	イタリアにおいて会計史的関心を寄せた最初期の研究であるが，借方・貸方の表記の原型の存在に注目するなど，先行研究の域を出ていない。
Schiaffini [1926]	Santini [1887] の活字転写をより近代的に表記を修正したものにすぎない。
Penndorf [1933]	勘定（"rationes"-die Konten）に記録として独立性のある意義を見出している。
Littleton [1933]	振替記入だけでは簿記システムとして完結しないと，複式簿記の構造的観点から言及。
黒澤 [1949]	わが国において1211年勘定記録をとりあげた最も初期の研究の1つ。
山下 [1950]	Sieveking [1901]，Brown [1905]，Woolf [1912]，Penndorf [1913] [1933]，それに Littleton [1933] など多くの先行研究をサーベイしながら当時の銀行業における「振替記帳」をもって，「複式簿記方法に於ける」「組織的な勘定記録」の起源としている。
Melis [1950]	勘定記録のうち1面分を写真掲載。
江村 [1953]	Penndorf [1933] に依りながらも，わが国ではじめて1211年勘定記録の一部を掲載している。
de Roover [1956]	勘定記録それ自体というよりむしろ銀行業の歴史および企業形態の歴史的文脈の記述のなかで取り上げている。
茂木 [1964]	複式簿記は「資本・利潤計算機構」を内包したものであるとの概念規定に照らして，1211年勘定記録における振替記入の論理展開をはかっている。
泉谷 [1964]	Sieveking [1901]，Penndorf [1933] に加えて，Melis [1950] を参照しながら勘定の生成について言及している。
小島 [1964]	勘定記録の3面分を写真掲載。
井上 [1968]	1211年勘定記録の現物を調査。そのすべてを原寸大写真で掲載。
Lee [1972] [1973a] [1973b]	勘定記録の全内容を可能な限り英語訳。ならびにそれにもとづいた理論的検討。
泉谷 [1973/74]	完全日本語訳を提供，ならびに豊富な解説を付している。

している（Brown［1905］pp.93-94）。すなわち，そこでは，「人名勘定以外は存在せず，誤謬・脱漏の発見手段は欠落しており，貸借平均すら知られてはいなかった」と，（複式）簿記であるための一定の要件を背後に示唆しながら言及しているのであろう。

Penndorf［1933］では，Sieveking［1901］でとりあげられている勘定記録に加えて，新たに貸付記録と回収記録が含まれた勘定記録を部分的にとりあげている。それに関して，こんにちのようにT字型という整理・集約された様式に至らない未成熟な商業取引記録であっても，勘定への貸方と借方の帳簿記入がおこなわれているので，勘定は独立した意義（selbtändige Bedeutung）を有するようになっていったと評価している（Penndorf［1933］S.16）。

アメリカで出版された代表的な会計史研究であるLittleton［1933］でも同勘定記録に触れているが，それ自体に深く入り込むことはなく，当時の勘定記録様式について論理的に考察したものである。それでも，振替記入について，それだけでは閉ざされた勘定システムは完成されない（Littleton［1933］p.36），と簿記の構造について一定の見解を述べている。

黒澤［1949］[8]は，わが国において最も初期に1211年の勘定記録をとりあげたものである。そこでは，主としてSieveking［1901］とPenndorf［1913］に依拠しながら「振替記帳」に着目し，これをもって「複式簿記の萌芽」と位置づけている（黒澤［1949］19頁）。

江村［1953］も，主として，Sieveking［1901］とPenndorf［1913］などに依拠しながら1211年の勘定記録に言及している。複式簿記の生成過程における位置づけとしては，黒澤［1949］と同様に「転記」（振替記入）に注目している。ここでの特徴は，Penndorf［1933］ら先行研究に依拠しながらも，そのわずか一部ではあるが，わが国ではじめて勘定記録の内容について資料掲載していることである（江村［1953］132頁）。

簿記会計史の研究対象として1211年の勘定記録をとりあげたここまでの先行

8　黒澤［1949］の初出は，1933年に雑誌『會計』に掲載されたものである。

研究についてその特徴を要すると，まず，勘定という1つの記録単位のなかに2つの対照的な属性，すなわち，金銭の貸付とその回収という取引の事実区分に対してつけられた，「われわれは彼に与えなければならない」「彼はわれわれに与えなければならない」といった表記をもって，現在の「借方」「貸方」と称される勘定の原型を見出している。さらに，債権債務の決済に関して「振替記入」がおこなわれている部分の事実を重視して，そこに「複式簿記」として生成する要件についての理論的な議論をしている。しかしながら，ここまでの研究は，1211年の勘定記録のうちそのごく一部，しかも Sieveking［1901］と Penndorf［1933］で掲載されたものを参照しているにすぎず，同資料を直接に，あるいは全体的に素材として論じたものではない。

(3) 1211年勘定記録への接近：原資料を素材として

簿記会計史の研究として，1211年の勘定記録を素材として本格的にとりあげたのは Melis［1950］であると思われる。そこにおいては，同勘定記録のうち1面分が写真でもって掲載されており（Melis［1950］p.401），さらにそのうちの最初の勘定について詳細な検討がおこなわれている（Melis［1950］pp.393-400）。また，この成果を用いて，茂木［1964］や泉谷［1964］などがいっそう深化させた検討をおこなっている。

わが国で最初に1211年の勘定記録についての詳細な資料紹介をおこなっているのが小島［1964］である。そこではメリス（F. Melis）から提供されたという同勘定記録の3面分の写真が掲載されている（小島［1964］第9章末）。また，メリスによって活字におこされた同勘定記録の一部（Melis［1950］p.393）について，R・ドゥ・ルーバー（Raymond de Roover）から提供された英語訳までもが掲載されている（小島［1964］190頁）。これらをもとに，同資料にみられる勘定記入の特徴を明らかにしている。

井上［1968］は，1211年の勘定記録の現物を直接調査した研究である。その現存状況などが詳しく記述されているが，最も貴重だと考えられるのは，現存

する同勘定記録の4面すべてが，ほぼ原寸大の写真で収録されている（井上［1968］71-74頁）ことであろう。

　時代が進むにつれ，貴重な史料へのアクセスが可能となり，これらのような研究成果を共有することができるようになった。1211年の勘定記録に関する研究の次なる段階は，その全貌に関する多様かつ包括的な検討である。

(4)　1211年勘定記録の内容に関する本格的検討

　1970年代に入って1211年の勘定記録をめぐって新たな水準の研究が現れた。まず，Lee［1972］では，ラウレンツィアーナ図書館から取り寄せた同資料の写真を参照しながら，1つひとつの記録がどのように紙面に記録され残存しているかを検証し（Lee［1972］pp.31-34），さらに，Santini［1887］の翻刻にもとづいて，同勘定記録の完全な英語訳[9]をおこなっている（Lee［1972］pp.36-48）。ほぼ同時期に公表されたLee［1973a］［1973b］はこの英語訳から派生した複式簿記形成に関する研究である。

　わが国においても，同時期に同勘定記録の完全な日本語訳がおこなわれた。泉谷［1973/74］の連作がそれである。これらにおいては，1211年の勘定記録の概要と特徴，およびその記録内容を理解する上で必要ないくつかの事項，たとえば中世のカレンダーに関する理解や貸付金に生じる利息についての考え方などが示されている。また，たんなる日本語での訳出にとどまることなく，記録内容をT字勘定形式で示すなど適切な解説やコメントが付されている。

9　また英語への翻訳にあたって，そのオリジナルテキストとしたSantini［1887］の記述と逐一照合して疑問点について注解を加えた成果も示している（Lee［1972］pp.48-56）。

4　勘定記録の内容とその検討

　周知のことではあるが，1211年の一銀行家の勘定記録は帳簿自体が残っているのではなく，その断片と思われるわずか2葉だけが残存しているにすぎない。しかもそれらは手稿本（manoscritti）『新ローマ法典注解』（*Digestum Novum cvm Glossa*）の「見返し」として再利用されたものとして現存しているものである。

　ラウレンツィアーナ図書館において所蔵されている同資料は，先述のように，バンディーニによって編纂された所蔵目録 *Bibliotheca Leopoldina Laurentiana, seu Catalogus manuscriptorum qui iussu Petri Leopoldi Arch. Austr. Magni Etr. Ducis... in Laurentianm translati sunt. Quae in singulis codicibus continentur...accuratissime describuntur, edita supplentur et emendantur......,* のなかの追録第1巻（Supplem. Ⅰ）の87頁に「Edili 67」という分類番号を付されている。

　『新ローマ法典注解』の現存状態であるが，大きさは約30cm×46cm×8cm，表裏の両表紙は木製の板が用いられ背表紙から表裏の両表紙の4分の1ほどにかけて皮の装丁でもって製本されている。表表紙には書名は明記されていないが，その裏面の右上部分に「*Digestum Nouvm cum Glossa,* 67」という表記がある。

　表紙から本文の間に合わせて木綿紙4葉の見返しがある。これらは後世において製本されたときに付け加わったものであると思われる。それらのうち，見返し1葉目表に鉛筆で「Eocl 67」とあり，見返し2葉目表に「*Laur. Edrili* 67」，その下部に図書館印がある。続く見返し3葉目は表裏とも白紙で，見返し4葉目表に「BIBLIOTHECAE AEDILIVM/FLORENTINAE ECCLESEAE/RELLIQVIAE QVAS/PETRVS LEOPOLDVS/MAGNUS. DVX. ETRVR/AD EXCITANDOS/AD VIRTVTEM ANIMOS/INSTINCTV DIVINITATIS/AB INTERITV VINDICAVIT/ET PVBLICAE RETRAXIT/VTILITATI/DIE IX

FEBRVAR/MDCCLXXVIII/COD. 67」と記された図書館のシールが貼ってある。そして，これらに続いて5葉目の見返しとして，これこそが『新ローマ法典注釈』のオリジナルの見返しだったものであろうが，1211年の一銀行家の勘定記録が記された羊皮紙1葉分が現れる。なお，本書末尾も同様に，オリジナルの見返しであったであろう羊皮紙の勘定記録1葉の後に，新たに製本されたときに加わったであろう木綿紙の見返し4葉がある。

　『新ローマ法典注釈』の本体部分について記すと，すべて羊皮紙で，各紙面は中央から縦に2分割され，中央部分に「法典」の本文が，そしてそれを取り囲むように左右それぞれの欄の周辺部分にそれの「注解」が記されている。本文は大きな文字で，注解部分は小さな文字で書かれている。さらに欄外には種々の書き込みがみられる。法典本体には各葉ごとに通し番号（228まで）が鉛筆書きで付してある。なかには，経年による傷みか，紙面に穴があいているものもある。

　残存している羊皮紙2葉の帳簿の断片のそれぞれ表面と裏面の合わせて4面分に勘定記録の痕跡がみてとれる。さらに，それぞれの羊皮紙面は縦に2つの欄に分割されている。しかしながら，これによって各紙面が左右2つに区分されて，現在のように，すなわち，借方・貸方というような対照的な属性に分けられているわけではない。たんに1つの面が2つに分けられて利用されているにすぎない。

　これら2葉・4面・8欄に残されている勘定記録は**4-4**のようにレイアウトされている。

　前記のように，各紙面は縦に2分割されそれぞれに上部から勘定記録がなされている。資料にあるように，便宜上，4つの紙面それぞれを，第1葉表・第1葉裏・第2葉表・第2葉裏，さらに，縦に2分割されたそれぞれの領域を，第1欄・第2欄と表記する。

　勘定記録の残存状況であるが，第1葉表・第1欄には6つの勘定が，第1葉表・第2欄にはさらに6つの勘定が記録されている。第1葉裏については，勘定記録の約4分の3ほどが削りとられて消され，その上に『新ローマ法典注

解』の目次が記されている。したがって，紙面の下部に第1欄の2つの勘定（その1つは上部が消されている）と第2欄に1つの勘定が残存するのみである。第2葉表については，第1欄に8つ，第2欄に5つの勘定が記録されている。そして第2葉裏については，その第1欄，第2欄ともに8つの勘定が記録されている。各紙面における勘定記録は，原則として，その1つひとつが実線でもって区分されている。このように現存する最古の勘定記録である1211年の帳簿の一部には，あわせて44の勘定記録が確認される。しかしながら，経年のためか各葉にはいくつもの穴があくなどずいぶんと傷みが進んでおり，現在においてその正確な判読は困難である[10]。だが，先述のように，幸いにも，可能な限り判読できる記録をすべて活字におこしたSantini［1887］があるので，当該勘定記録に関する以降の研究の多くは，これをテキストとして利用することができる。

【4-4】 1211年勘定記録の残存状態

第1葉　表		第1葉　裏		第2葉　表		第2葉　裏	
第1欄	第2欄	第1欄	第2欄	第1欄	第2欄	第1欄	第2欄
1	7	この部分は勘定記録が削りとられ，その上に新ローマ法典注解の目次が記されている		タイトル		29	37
2	8			16	24	30	
3						31	
4	9			17	25	32	38
	10						39
				18	26	33	40
				19			
5	11	13	15	20	27	34	41
				21			42
				22			43
6	12	14		23	28 空白	35	44
						36	

（Lee［1972］pp.31-34および井上［1968］71-74頁より作成）

10　『新ローマ法典注解』本体に比べて，勘定記録の2葉だけ異常に損傷が著しい。サンティーニがその判読をおこなうのに薬品を使ったとしているが，そのためであろうか。

では，1211年の勘定記録には，いかなる取引がどのように記録されているか，いくつかの特徴的なものをとりあげて検討していくこととする[11]。

この勘定記録について，その残存する2葉4面の記録内容は，すべて「貸付」とそれの回収ならびに利息に関するものであって，「預り」すなわち，銀行家にとって債務となるべきものについてはその記録を見出すことができない。また，記録の単位は，すべて，貸付をおこなった対象である個人であり，ここに，この会計記録が「勘定記録」とされる根拠がある。その記録様式の一般的な特徴として，記録の冒頭に貸付先である顧客の個人名が記載されていることがあげられる。勘定が「人名勘定」から生成したとされる論拠はここにあるといえる。

(1) 貸付および回収記録

ここでは，まず，単純な貸付取引の記録からみていくこととしよう。

4-5に示したのは，リストロ・カフェレーリ（Risstoro Kafferelli）という個人に対して10ソルディの貸付をおこなった取引の記録である。先述したように，貸付先（すなわち借主であり銀行にとっては顧客）であるリストロ・カフェレーリという個人名を主語として冒頭に掲げている。そして彼は返済義務を負うことから，勘定記録では，「われわれに対して与えなければならない（no die dare）」と述語表現を続けている。このように，債権の記録に際して die dare

【4-5】 リストロ・カフェレーリ勘定

Risstoro kafferelli no die dare sol. x, ke li li prestammo per ispesa di ristoro in sua māno リストロ・カフェレーリ（人名）は10ソルディを返済しなければならない。われわれは同額を個人的にリストロの経費として彼に貸し付けた。

（第2葉表・第1欄・第20記録より）

---

11 なお，その際，勘定記録そのものについては Santini［1887］を，その内容の訳出にあたっては泉谷［1973/74］ならびに Lee［1972］を参照した。

という表現が用いられたことが，その後，複式簿記の勘定の左側を呼称する「借方（dare）」へと発展したとされている。

しかしながら，すべての貸付において，このような表現がなされたわけではない。

4-6に示したのは，貸付記録でも，借主である顧客メゼレ・カンチエリエリ（Mesere Kanciellieri）の人名を主語にして，「彼はわれわれに与えなければならない」といった迂遠な表現ではなく，「われわれが貸し付けた（prestammo）」と直接的な表現をとっている記録の例である。

【4-6】 メゼレ・カンチエリエリ勘定

> A mesere kanciellieri prestammo sol. ij in sua māno : ab. posto sotto sua rascione oue die auire.
> われわれはメゼレ・カンチエリエリ（人名）に2ソルディを貸し付けた。われわれは受け取るべき彼の勘定の下に加算した。

(第1葉表・第1欄・第2記録より)

先述したように，1211年の勘定記録は，貸付取引の部分しか確認されていない。つまり，当然おこなったであろう「預り」取引をいかに記録したかを確認することはできない。したがって，複式簿記における勘定形式のいま1つの属性を表す「貸方（avere）」という表現の原型をここから見出すことはできない。

4-7に示したのはリストロとジャコピーノという2名の人物に対しておこなった8リラの貸付に関する記録である。貸付の際になされた記録は，顧客であるリストロとジャコピーノを主語にして彼らが「われわれに与えなければならない（no dino dare）」[12]とされているのは同様である。この勘定で特徴的なのは，当該貸付に対して派生する利息に関する記録がおこなわれていることである。利率と返済期日に関する約定が明記されている。また，返済金額は元金に利息を含んだ総額が示されている。

---

12 貸付先である顧客，すなわち勘定記録の主語になる対象が複数人である場合は，述語である di dare が dino dare と変化する（Lee［1972］p.48）。

【4-7】 リストロ・ジャコピーノ勘定

> Mccxj'
>   Ristoro f. pieri buorsaio e iakopino f. sigoli no dino dare katuno in tuto lib'viij be sol. xx d'. viij per liure otto ke i demmo dodici di anzi kl. giugnio a sedidi d' l'., e dino pagare xij di anzi k. agosto ; e se piu stanno a iiij d'. lib'. il mese quanto fosse nostra volontade tt. alberto baldovini e konsiglio dei kastagniaci
>   Item die dare per prode sol. xviiij e d' iiij.
>   Ristoro ci a dato di sua māno sol. xl ; reko tegiaio iij intrante decebr.
>   Item die per noi tadellato f. del buono lib'. vij e sol. x, xij di anzi k.aprilis.
> 1211年
>   財布工ピエリの息子であるリストロとシゴーリの息子であるジャコピーノはわれわれが5月20日に与えた8リラに対して，1リラにつき1ソルディ4ディナリの割合の総額9リラ0ソルディ8ディナリを連帯して返済しなければならない。7月20日に支払うこと。もしそれ以上延滞すれば，われわれが許す限り，1リラにつき1ヶ月4ディナリの割合で［利息を支払わなければならない］。
> 証人　アルベルト・バルドビーニとカスターニャチのコンシグロ。
>   同上，利息として19ソルディ4ディナリを返済しなければならない。
>   リストロはわれわれに2リラを個人的に返済した。12月3日にテジャイーオが持参した。
>   同上，彼は3月20日に7リラ10ソルディをわれわれの代わりにブオーノの息子タデラートに返済した。

（第1葉表・第2欄・第7記録）

　この勘定から明らかになるいま1つのことは，貸付の回収に関する記録である。リストロからその借入額の一部を回収した際には，彼は「返済した（ci a dato)」とある。貸付をおこなった際には，後にそれが名詞化して「借方（dare)」の原型となったとされる「与えなければならない（no die dare)」が用いられていたことを考えると，貸付の対照的な行為である回収の事実を記録するに際しては，表現もそれと対照的に，「貸方（avere)」の原型となるべき表現があってしかるべきと思われるが，ここではまだ見出すことができない。

　1211年の日付があるフィレンツェの一銀行家によってなされた貸付記録が「勘定記録」であるとされる根拠について，以上を要してみよう[13]。

　まず，貸付という経済活動を記録する際に，顧客を単位としてそれを整理し

ていることが特徴的である。顧客別に記録がなされていること，すなわち，貸付という経済活動それ自体と，貸付から生じる債権をともに管理するための手段として有効に機能している。同一の債権にかかる回収は，その記録単位である顧客別に開設された勘定においてなされるのもそのためである。また，顧客別の記録は，何よりも，「証拠」あるいは「証拠保全」として機能することを期待されたものであったという（泉谷［1980］75-76頁，泉谷［1997］第２章を参照）。

しかしそれだけでは，勘定はたんなる独立した記録単位にすぎず，複式簿記における「勘定」としての特性を有したものとはならない。この勘定記録がいくつもの会計史研究においてこれまでとりあげられてきた理由は，それが複式簿記の生成にとって緊密な関連があるとみなされてきたからである。この観点からまず着目されるべきは，借方と貸方と呼ばれる２つの相反する属性をもった「勘定」が存在しているかどうかである。ここで，複式簿記における「勘定」としての特性を予感させるのが，貸付行為を記録する際の文章表現，すなわち「借方（dare）」の原型となったとされる「与えなければならない（no die dare）」であった。しかしながら，そこには，「借方」とは対照的な属性を示すはずの「貸方（avere）」の原型となる表現を確認することはできない。また，さきにみた公証人による記録の場合においても，おそらく，貸付相手を対象として識別された「勘定」という意味をもつ記録単位は存在したであろうと推察される。その意味では，これら会計記録は人名勘定を生成させた直接的な要素である。しかしながら，これら人名勘定が「複式記入に到達するにはまだまだ長い距離があった」（Goldberg［2001］p.224）のである。したがって，1211年の

13　勘定形式の記録であるかどうか以前に，そもそも，なぜ経済活動を記録するかについては，先行研究によっていくつもの論拠が示されているが，ここではそれらを集約するかたちでまとめるにとどめたい。経済活動の記録の必要性は，まずもって，「備忘」にある。それはたんに事実を外部媒体へ蓄積するだけの行為にとどまらず，紛争回避のための「証拠」として機能することを期待された行為である。簿記，すなわち会計記録は，このような社会的な要請から発展していったことは疑う余地がない。しかし，「備忘」や「証拠」にとって勘定という記録形式は絶対不可欠なものではない。

勘定記録は，これまでの考察に限っては，複式簿記生成のための基本要件を備えたものと論証することはできない。

(2) 振替記入

前述のように，1211年の勘定記録が簿記会計史の上で最も大きく意義づけられたのは，そこに存在した「振替記入」のためである。先述したように，「勘定」が成立するだけでは複式簿記の決定的な生成要件とはいえない。そこで，次の段階として，この「振替記入」が複式簿記の生成要件といかなる関係にあるといえるのかについて検討していく。

4-8は，貸付金の回収を現金ではなく，他勘定からの「振替」によって決済された場合の記録を含むものである。

この勘定の原文2行目が貸付金の回収の記録であるが，回収の事実と同時にブオバキダ・フォレスターニという第三の人名についての言及がなされている。これは，マネット・パサリペットが銀行へ自身の債務を返済するにあたって，直接決済をおこなうのではなく，自らが債権を有している第三者であるフォレスターニから返済させ同時に債権の相殺をおこなうものだと推察される。またフォレスターニは同じ銀行に対して預金（すなわち債権）を保有しており，その結果，フォレスターニの債務返済は自身の名義の預金口座（銀行にとっては

【4-8】　マネット・パサリペット勘定

> A Manetto passaripetto prestammo sol. xx in sua māno aldobran.
> Item ci die sol. xx : leuammo dissua rascione oue die auire per buobaquida forestani.
> われわれはマネット・パサリペットに個人的に1リラを貸し付けた。[署名] Aldobran。
> 同上，彼はわれわれに1リラを返済した。われわれはブオバキダ・フォレスターニとの関係で受け取るべき彼の勘定を控除した。

(第1葉表・第1欄・第3記録)

債務勘定）からの決済となる。したがって，銀行の勘定は上記の資料のように記録されることとなる[14]。この関係を図示すると**4-9**のように表現されるだろう[15]。

また，残存が確認されていない記録部分であるが，銀行にとっての預入取引を記録するに際して用いたであろう表現がうかがえる。それは，預金者を主語として「われわれから受け取らなければならない（die auire [aveire]）」という

【4-9】 各当事者において想定される勘定記録

銀行側の勘定記録

パサリペット勘定（債権）
1リラ（貸付）
1リラ（回収）

フォレスターニ（預り金＝債務）勘定
××
1リラ（返済）

パサリペット（貸付先）の記録	フォレスターニ（預金者）の記録
銀行からの借入金（債務）	銀行への預金（債権）
1リラ（借入）	×××
1リラ（返済）	*1リラ（回収）*
フォレスターニ（債権）	パサリペット（債務）
×××	×××
1リラ（回収）	*1リラ（返済）*

14　先述したように，この勘定記録は貸付記録の部分しか現存しておらず，銀行にとっての債務，すなわち預金者の記録については確認することができない。しかしながら，この資料における記述からも，預入業務に関する人名勘定記録が確かにあったことが十分に推量される。

15　もちろん，貸付先であり，かつ預金者であるフォレスターニの記録はその存在を確認することはできないので，あくまで，銀行における「パサリペット勘定」の背後関係を想像したものにすぎない。

述語表現があったのではないかということである。すなわち，それが現在の「貸方（avere）」の原型となったものであるとすれば，この勘定記録においては，対照的な記録の2つの属性が明確に識別されていたということができるだろう。

しかしながら，勘定記録にあたって2つの対照的な属性を識別しているからといって，それがただちに複式簿記の生成にとって決定的な要件となったということができるだろうか。

いくつかの先行研究においては，複式簿記の生成を，ここに示したような振替記入の事実をもとに検討をおこなっている。確かに，この振替記入では銀行の2つの別々の勘定に記入がなされることとなる。しかし，これは1つの取引の結果から得られる2つ以上の勘定の相反する記録属性に対しておこなう「複式記入」ではない。この「振替記入」は1つの原因から派生した，2つの独立した取引の結果がそれぞれ別の勘定に記録されただけのものである。したがって，「振替記入」があったからといって，ただちにそれが複式簿記生成への重要な要件であるということはできない。

(3) 商人記録の社会的信用性

ところで，公証人によって文書作成された会計記録と取引をおこなった商人自身による会計記録とで，重要な相違点は社会的信用の有無である。繰り返すまでもなく，公証人はそれ自身が社会的秩序の体現であり，会計記録には証拠性，すなわち公証力を社会的に付与するために，公証人による客観性ある記録が必要とされた。これに対して，商人は取引をおこなった主体であり，自らのペンによる記録が証拠性を有し社会的信用を保持するにはどのような要素が必要だったのであろうか[16]。

その1つとして考えられるのは，会計記録のなかでしばしばみられる「神へ

---

[16] この当時，商人は倫理観がなく利を追求するその姿勢は貪欲でしかも際限がないと批判されてきた。この点については大黒［2006］，工藤［2008b］などを参照。

の祈り」の宗教的表現である。「神の御名において　アーメン」(In nome di Dio, Amen) あるいはこれに類する表現は，この1211年の日付のある勘定記録[17]だけでなく，これ以前の公証人の記録にも，これ以降の商人の会計記録のいたるところにおいてもみられる。神の権威とその教えに従順であることをもって商人自身による会計記録の信頼性を高めようとしたのであろう。

　いま1つ，商人の会計記録の社会的信頼性保持のためと思われる様式は，記録の文章表現そのものにある。他者に金銭を貸し付けた際の記録として，貸し付けた相手を主語にして，「(貸付相手の人名) はわれわれに返済しなければならない」という記述は自然な文章ではない。しかし，公証人によって作成された記録はこれと類似した表現であった。つまり，商人による勘定記録は，公証人が記録したものと同様に，第三者の視点からその記録がなされたものであるということを装っているのではないだろうか。取引主体が記録者であることで客観的なものであることを強調するような意味での修辞法であったのかもしれない。

5　むすび

　以上，現存する最古の勘定記録であると同時に，商人自身のペンによる文書記録としても最古のものとされる「1211年の日付のあるフィレンツェのある銀行家の勘定記録」を素材としながら，そこにおける勘定記録の意義について考察してきた。

　勘定記録の様式の特徴であるが，そこでは，取引先である顧客を単位として貸付およびその回収の記録計算がおこなわれている。ここに，勘定が取引相手の人名をもって開設されたという事実が確認された。しかし，このような人名

---

[17]　ちなみに，1211年の勘定記録4面のうち，2つの面のそれぞれ1カ所ずつにこの神への祈りの表現が確認されている。

別の債権記録は業務の効率的な管理のためのものであり，複式簿記生成の要件として不可欠なものであるとはいえない。この勘定記録が複式簿記生成との関係で論じられるのは，そこに「借方」「貸方」というこんにちの複式簿記において対照的な2つの側面を表現する象徴的な記号の原型となる表現がおこなわれていることである。しかし，そもそも貸付と預りという2つの対照的な業務に従事する銀行家にとって，業務の性質に従って記録様式を整えるとしたら，対照的な2つの属性を識別したことはごく自然なことであって，これをもってただちに複式簿記の生成要件ということはできない。また，2つ以上の複数の勘定に同時に記録がなされる「振替記入」については，それが取引の二重分類を意味する「複式記入」ではないことから，これもまた，複式簿記生成の決定的要件ということはできない。

　また，商人の主観的な記録が社会的信用をもちえた理由についてであるが，その記録様式が公証人によるそれと類似していたためと思われる。公証人文書には，たいていその冒頭に宗教的文言が記されていた。キリスト教的社会倫理のもとで，利益を追求すること自体を抑圧されてきた商人の存在自体のパラドクス（大黒［2006］，工藤［2008b］）のためもあるだろうが，神に祈ることで，記録に嘘がないことをいおうとしたのであろう。さらに，勘定記入の仕方自体が，取引の相手を主語（つまり勘定科目）として記録することで，あたかも第三者の視点から記録がなされたようにみせるというある種のレトリックがうかがえる。

　商人自身による会計記録は，備忘のため，すなわち業務管理やとりわけ証拠機能のために勘定記録として生成した。しかしながら，勘定記録の生成がただちに複式簿記への展開の基礎であるとはいえない。勘定記録が複式簿記へ展開していくには次元の異なる何かが必要とされたのであろうし，そしてそれが見出されるまでにはいましばらくの時間が必要であった。

第5章

複式記入の実践と記録様式

1　はじめに

　前章で論じたように，イタリアにおいては13世紀末くらいを境として，商人は文字の読み書きと計算の能力を獲得し，自ら会計記録をおこなうようになった。会計記録の担い手が商人自身になったという事実確認とともに，それ以前における会計記録実践者であった公証人によって保証されていた会計記録の社会的信頼性，すなわち証拠性が，商人自身の記録のなかにおいても継承されていたという点も重要な論点であった。しかしながら，その時点においては，こんにちわれわれが「勘定」と呼ぶ記録の単位の生成については認めることができたが，記録様式の面からいうと，それはまだ複式記入によるものではなかったことが確認された。

　1494年にイタリアのベネチアで印刷された数学書であるルカ・パチョーリの『スンマ』に収録されている複式簿記に関する記述をみると，すでに，その出版以前において同地域に複式簿記が実践されていたであろうことをかなりの確証をもっていうことができる[1]。しかしながら，ベネチア地方の商人の複式簿記（複式記入）による会計記録として現存が確認できる最も古いものでも15世

---

[1] ルカ・パチョーリはその『スンマ』のなかで，「われわれはベネチアの方法をそれに取り入れて記述する」(Pacioli [1494] c. 198v.) といっている。

紀以降のものである。これに対して，現存する資料から，前章でみた勘定記録の残るフィレンツェを中心としたトスカーナ地方においては，13世紀から15世紀において記録された会計帳簿（あるいはその断片）が散見される。

　そこで本章では，前章でみた13世紀初期における勘定記録の生成以降，イタリア諸地域，とりわけフィレンツェを中心とするトスカーナ地方で複式記入の実践が認められる会計記録の存在を確認し，その内容を検討していくこととする。

2　複式記入の展開

(1)　複式記入と複式簿記

　まず，「複式記入（double entry）」と「複式簿記（double-entry bookkeeping）」という用語について，それぞれの概念を明らかにしておこう。

　ある経済的な出来事を複式簿記によって記録しようとする際，それは「ある勘定の借方と別の勘定の貸方とに二重に記録される」といったような記述がなされることが一般的であると思われる。ここで注意しなければならないのは，まず，「勘定」（conto［イタリア語］，account［英語］）という記録の単位である。確かに勘定は複式簿記の記録単位であるが，しかしながら，この記録単位は複式簿記に限られたものではない。前章で指摘しているように，商人のペンによる会計記録で現存する最古のものは「1211年の日付のあるフィレンツェのある銀行家の勘定記録」であるが，そこでは銀行家が貸し付けた金銭にかかる「債権」の増加とその回収が，貸し付けた相手別に記録されていた。つまり，債権管理を容易にするため，個人別の記録単位，すなわち人名勘定を設けていたことが確認された。これは「勘定」にほかならない。また，そこにおける記録の様式としては，貸付とその回収という対照的な2つの事象が同一の勘定のなかで記録されている。記録の様式を洗練していけば，これら2つの対照的な事象

を区別して記録することに到達するであろう。そうすると，勘定には自然に2つの記録のスペースが区分されていくことになる。しかしながら，この2つの対照的事象とは，いわゆる「チャージ＆ディスチャージ」であって，「ある勘定の借方と別の勘定の貸方への二重記録」ではない（Goldberg［2001］p.220）。債権債務に限らず，現金や商品などといった物財についても，「入」（収入あるいは購入）と「出」（支出あるいは販売）といった2つの対照的な事象はかわらず存在する。だが，これは複式簿記でいうところの二重記録ではない。

　つまり，「勘定」（たとえそれが区別され，さらに「借方」「貸方」と呼ばれる2つの対照的な記録スペースを有していたとしても）の生成と「二重記録」は複式簿記にとって異なる次元の要素であることを認識しなければならない。

　「複式記入」とは，複式簿記の形式的手続きに即していうなら，その最初のステップに位置するものである。そこでの記録は他者と自己との経済的な関係性の記述を意味する。たとえば，金銭を貸し付けた場合，貸し付けた相手を記録すると同時に，資金を提供した自分自身（が保有する特定の財産）を勘定で表現してその記録がなされている。複式簿記の生成が債権債務関係を記録したことにその淵源をもつという通説は説得的である。この記録様式の原則が，その対象を拡張しながら発展していくこととなる。記録の対象は債権債務（人名勘定）から物財の出納管理のために現金や商品などの勘定が開設され，簿記の記録計算に財産管理の機能が付与される。さらに，現金やその他の具体的な富を増減させる原因となる各種の収益・費用を記録するための名目勘定が追加されていくようになった。このようにして，「人名勘定・物財勘定・名目勘定という3つのカテゴリーの勘定群（具体的には，資産・負債・資本・収益・費用に関わる諸勘定）が出揃い，『実在勘定と名目勘定の統合』を基軸とする『1つの閉ざされた体系的な勘定組織』という基本構造が形成確立されることの結果として，複式簿記にあっては，記録対象とする『取引』のすべてが完全複記され，かかる網羅的で秩序だった勘定記録から一定の計算数値を体系的に導出することが可能になる」（中野［2007］10頁）ことで，記録システムとしての複

式簿記は完成することとなる。

　いずれにしても，複式簿記が「閉ざされたシステム（closed system）」として確立するようになるには，すべての経済的出来事を「複式記入」することがその前提である。勘定の生成から複式記入に至るまでの道のりはそれほど平坦ではなかったはずである。

(2)　複式記入による会計記録

　イタリア諸地域において現在までにその実在が確認され保存されている会計記録のうち，複式記入での形式が認められるもののなかから，先行研究でしばしば検討ないし言及されてきたものをあげると **5-1** のとおりである。

　これをみる限り，13世紀後半から14世紀半ばにかけて複式記入での会計記録が確認されるのは，ジェノバ市庁の財務管理官（massaria comunis）による記録が登場するまで，そのほとんどがフィレンツェを中心としたトスカーナ地方のものであることがわかる。加えていうなら，完全な複式記入の形式にはなっていなくても，13世紀における会計記録，たとえば，「ウゴリーニ商会のシャンパーニュ大市での帳簿（1255-1262）」，「あるトスカーナ商人のイモラにおける勘定（1260-1262）」，「ベネ・ベンキッニの借入記録（1277-1296）」，「ラコ・リコマンニの金銭貸借およびその他の備忘帳（1281-1297）」，「ジェンテル・デ・サッセティと息子たちの金銭貸借帳（1274-1310）」などの現存が確認され検討されている（Martinelli［1974］pp.316-389）。

【5-1】 イタリアに現存する複式記入による主要な会計帳簿

記録年	帳簿名	地域
1292-1293	フィリッポ・ペルッツィ商会 元帳から抜粋した公証人記録	フィレンツェ
1296-1305	フィニー商会の元帳 全93フォリオが現存	フィレンツェ
1299-1300	ファロルフィ商会の元帳 48-110フォリオが現存（うち数枚のフォリオが欠損）	フィレンツェ
1318-1324	デル・ベネ商会の帳簿 黒帳（元帳）・反物売買帳・現金出納帳・P帳簿の4冊が現存	フィレンツェ
1321-1323	ジャン・フィリアッツィの黄帳 黄帳と相続簿	フィレンツェ
1333-1337	コルビッチ商会の赤帳 赤帳C	フィレンツェ
1335-1343	ペルッツィ商会の赤帳 第6期財産帳・第6期秘密帳簿	フィレンツェ
1336-1340	コボーニ商会の黄帳 黄帳（元帳）1冊全332フォリオが現存	フィレンツェ
1336-1411	ダティーニ商会の帳簿 会計帳簿602冊・商業文書類592点	プラート
1340	ジェノバ市庁財務官の元帳 1340-1466間での全43冊が現存	ジェノバ
1406-1434	ソランツォ兄弟の元帳 新元帳（1406-1434）と旧元帳（1410-1417）の2冊が現存	ベネチア
1408-	サン・ジョルジョ銀行の会計帳簿 日記帳・元帳	ジェノバ
1420-1615	ボロメオ家の帳簿 71冊の元帳が現存（とくに1427の黄帳4巻と5巻・1428年白帳・1436-38年のロンドン支店元帳・1438年ブルージュ支店元帳）	ミラノ
1430-1440	アンドレア・バルバリーゴの会計帳簿 ベネチア国立古文書館に保管　全18冊の会計帳簿	ベネチア
1436-1440	ジャコモ・バドエルの元帳 ベネチア古文書館に保管	ベネチア

3　複式記入様式とその検討

　前節でみたように，現存が確認される商人による勘定記録である「1211年の日付のあるフィレンツェのある銀行家の勘定記録」をはじめとして，フィレンツェ地方に保存されている会計記録はイタリアの他地域に比べると多く残存している。これが，とくにフィレンツェ地方において早い時期から会計記録の実践が発達し先進的に形成されていったのか，あるいはたまたま残存している数が多いだけなのかを判断することはできない。

　ここでは，現存するフィレンツェ地方での複式記入による会計記録のうち，商人記録として最も古いとされるフィニー商会のものについて検討していくこととする。

　一般に，「リニエリ・フィニーの元帳」としてその存在が知られる会計記録は，フィーノ・デ・ベンツィ（Fino de' Benzi）という名の父親をもつ3人の兄弟，リニエリ（Rinieri），バルド（Baldo），そしてスキアッティーノ（Schiattino）が，1296年から1305年にかけて，シャンパーニュの大市でおこなった金銭貸借取引および商品売買取引の記録のことである。この会計記録のほとんどが長男のリニエリによって記帳されているので，「リニエリ・フィニーの元帳」と一般に呼ばれている。

　現在保管されているフィレンツェ国立古文書館での現物調査によれば，現存する帳簿は全部で91フォリオで6分冊保存されているが，状態は傷みが激しく，修復が不能と思われる数多くの紙片が封筒に入れられているという（橋本[2009] 198頁）。しかしながら，この記録はこれまで多くの先行研究によって検討されてきている(Sieveking [1901], Raymond de Roover [1956], Martinelli [1974], 泉谷[1980], 橋本[2009]など)。また，カステラーニによって，この会計記録を含む1300年までのフィレンツェ地方での多くの会計記録が活字によって翻刻され，刊行されている (Castellani [1952])。

　この会計記録の特徴は，何といっても，すべての取引が例外なく貸借二重記

録されていることである。この点をもって，カステラーニは「複式簿記が採用された最古の帳簿である」(Castellani [1952] tm.1, p.8) と主張している。

　では，リニエリ・フィニーの元帳から具体的な記録例を取り上げて検討してみよう。以下の関連する3つの資料は，フィニー家の長男であるリニエリが顧客であるタナリア・シモーニに対する220リラの貸付とそれに付随する一連の取引の記録である。なお，言語表記はカステラーニによる活字化の成果 (Castellani [1952] tm.2, pp.674-696) から，日本語への訳出については泉谷 [1964]（89-90頁）および泉谷 [1997]（86-88頁）に負っている。

　全体的な帳簿記録の様式について概観すると，まず，トスカーナ地方の俗語による文章形式でもって書かれている。この点では，「1211年の日付のあるフィレンツェのある銀行家の勘定記録」と類似しているが，記録されている事柄は属性ごとに整理されている。リニエリがおこなった貸付の結果，債権が生じた場合は帳簿の上の部分に‘de dare’または‘deono dare’という言葉が冒頭に記載されて記録がはじまり，反対に，返済を受けた場合は帳簿の紙面の下の部分に‘anne dato’という言葉から記録がはじめられている。つまり，1つの項目に関して，相反する2つの属性（この場合は債権の増加と減少）ごとに紙面の上下2つの領域を区別して記録がおこなわれているのである。しかも，取引によって生じた債権に対しては「与えなければならない」という意味の‘de dare’という言葉を付している。与えなければならない＝返済しなければならない，すなわち，借りている人＝借方である。また，受け取るべき利息が生じた場合などには，‘de avere’または‘deono avere’という言葉から記録がはじめられている。‘de avere’とは，「持つべき」という意味であり，つまり，受け取らなければならない＝貸している人＝貸方となる。

　このように，リニエリ・フィニーの会計記録の様式は，記録単位としての勘定が明確に確立し，しかも，2つの属性にしたがって識別すべき記録領域を，紙面を上下に2分割して区分している。この点において，「1211年の勘定記録」からは進展しているといえる。

【5-2】 リニエリ・フィニーのタナリア・シモーニ（顧客）に対する金銭貸付

タナリア・シモーニ勘定（第10カルタ［表］）借方記入

Tanaglia Simoni de dare, ne la fiera di Proino di magio novantotto, lb. ccxx per dugiento venti lb. tor. che gli dieri ne la detta fiera in guardia e in achomanda : po（nemo）che Rinieri Fini de avere inançi nel lxx car（te）.

タナリア・シモーニは［12］98年5月のプロイノの定期市でトルネーゼ貨幣 lb.220に対して返済しなければならない。この金額はこれを彼に前記の定期市で貸付預託したもので，われわれはリニエリ・フィニー［勘定］の第70カルタの受け取らなければならない側に加算する。

リニエリ・フィニー勘定（第70カルタ［表］）貸方記入

E de avere, ne la fiera di Proino di magio novantotto, lb. cc per Tanaglia Simoni per dugiento venti lb. tor. che gli lasciamo in guardia e in achomanda : po（nemo）che Tanaglia de dare da lato nel x car（te）.

同上，［12］98年5月のプロイノの定期市でタナリア・シモーニからトルネーゼ貨幣 lb.220を受け取らなければならない。この金額はこれを彼に貸付・預託したものである。われわれは第10カルタのタナリア［勘定］の返済しなければならない側に加算する。

では，まず，5-2の金銭貸付取引についてやや詳しくみていこう。ここでは，貸付相手（タナリア・シモーニ）に生じた債権だけでなく，この取引の相対的要素，つまり，貸手であり会計記録の主体であるリニエリについても勘定を開設し記録をおこなっている。これこそが複式記入である。すなわち，「タナリア＝借りている人」勘定の「借方」と，「リニエリ＝貸している人」の「貸方」とに二重に記録がおこなわれている。しかもていねいなことに，それぞれの勘定記入において，この取引から影響を受けるもう一方の側，つまり「相手勘定」が明記されている。言い換えると，取引の複式記入がおこなわれることによって，自分（リニエリ）と相手（タナリア）との経済的な関係性が帳簿のなかに表現されることになるのである。

第5章 複式記入の実践と記録様式

【5-3】 タナリア・シモーニ（顧客）への金銭貸付に関する利息の計上

タナリア・シモーニ勘定（第10カルタ［表］）借方記入

E de dare, per donno di detti d. sopra per due fiere, da Proino di magio novantotto i ｛n｝ fino a Sant'Aiolo anno ditto, lb. x : po(nemo) ad avanço inançi ne l'lxxx ⟨iiij⟩ car（te）.

［12］98年5月のプロイノの定期市からサンタイオロの定期市までの期間における上記の金銭に対する利息として lb.10を返済しなければならない。われわれは第80カルタ［利益勘定］に加算する。

利益勘定（第80カルタ［表］）貸方記入

E de avere, i Sant'Aiolo novantotto, lb. x per Tanaglia Simoni, per dugiento lb. tor. che de dare di Proino di magio novantotto : po(nemo) che Tanaglia de dare da lato nel x car（te）.

同上，これら［利益］は［12］98年5月のプロイノで lb.10を返済しなければならないとあるタナリア・シモーニからトルネーゼ貨幣 lb.220に対する［利息］として受け取らなければならない。われわれは第10カルタのタナリア［勘定］の返済しなければならない側に加算する。

5-3は受取利息の計上である。金銭の貸付に付随して発生する10リラの受取利息は，受取利息勘定（l'avanco）を新たに開設して記録されている。貸方（de avere）に記入されているので，この利息は「受け取らなければならない」ものとなる。この受取利息勘定は最初期に現れた名目勘定の1つとされる。この受取対価であるが，記録の時点ではまだ受領してはいないので，未収金すなわち債権となる。したがって，債権であるタナリア・シモーニ勘定の借方に債権の増加として記録がされている。また，それぞれの勘定において，照合関係にある相手勘定への参照が記述されている。

【5-4】 タナリア・シモーニ（顧客）への金銭貸付の返済

リニエリ・フィニー勘定（第4カルタ［裏］）借方記入

E de dare, ne la fiera di Sant'Aiolo novantotto, lb. ccxxx per Tanaglia Simoni : levamo da sua ragione ove dovea dare inançi nel x car（te）; i detti s'obliano a contare.

同上，［12］98年サンタイオロの定期市でタナリア・シモーニにlb.230を返済しなければならない。われわれは第10カルタの返済しなければならないとある彼の勘定の前から減額する。上記は勘定の清算である。

タナリア・シモーニ勘定（第10カルタ［表］）貸方記入

Ànne dato, ne la detta fiera di Sant'Aiolo novantotto, lb.ccxxx per Renieri Fini, i quail gli diere : po（nemo）che Renieri Fini de dare da lato nel iiij carte.

同上，［12］98年のサンタイオロにおける前記の定期市でリニエリ・フィニーにlb.230を返済した。この金額は彼に預託していたもので，われわれは第4カルタの返済しなければならないとあるリニエリ・フィニー［勘定］に加算する。

最後に，5-4の債権回収についてである。受取利息とともに元金の返済を受けている。タナリア・シモーニ勘定から受取利息を含めた債権額を減額する（貸方記入）とともに，リニエリ・フィニー勘定の借方に記帳される。またこれまでと同様に，それぞれの勘定において，照合関係にある相手勘定への参照が記述されている。

これら3つの勘定記録を，現代的な複式簿記の勘定表現であるT字型で表してみると以下のとおりである。複式記入が貫徹されていることが明らかである。なお，この元帳記録において，しばしば指摘されてきたのが，「リニエリ・フィニー勘定」の性格である。はたして，これは「現金勘定」であるのかという問題である。泉谷［1997］によれば，「リニエリ・フィニー勘定は兄弟のうち誰が貸し付けたのかの持分記録と現金収支記録の両面をもつ」という。つまり，現金勘定とした場合，その期待される機能は，収入と支出の記録を通じた現金管理であるが，それに加えて，あるいは現金管理以上に重要だったのは，

債権債務の記録であって，債権持分の帰属を明らかにすることであったと論じている。「そこにはフィニーの投資残高や現金残高の計算指向はまだみられなかった。彼らの勘定記録に対する期待は個々の勘定に対する証拠保全にあったものと考えられる」(泉谷［1997］87頁）と。

タナリア・シモーニ（債権）		リニエリ・フィニー	
貸　付　220	回収　230	回　　収　230	貸　付　220
利　息　　10			

受　取　利　息	
	利　　息　10

4　むすび

　実在勘定と名目勘定が統合され「閉ざされたシステム」としての複式簿記が成立する前提となるのは，取引ごとにある勘定の借方と別の勘定の貸方とに二重にそれを分類整理して記録していく複式記入である。イタリア諸都市，とくにフィレンツェにおいて複式記入の実践が確認されるのは，13世紀から14世紀への転換期以降のことである。

　本章では，複式記入を実践した最も古い商人記録の例として，フィニー商会の元帳記録をとりあげて検討した。そこにおいてはすべての取引がある勘定の借方と別の勘定の貸方とに二重に分類されて記録がおこなわれていた。しかも，一方の勘定にはそれと照合関係にある他方の勘定への参照についてまで記述されていた。このような記録の様式は，どのような意義を有するのであろうか。

　たとえば，金銭貸付取引を複式記入で記録した場合，それは，自己と他者との債権債務で構築された関係性を勘定の上に映しとっていった行為と理解できる。それは会計記録の本源的意義である，自己の財産と利益を保全するということに，新たに付与された機能であるといえる。借方と貸方へどのように記録

するかは，記録者すなわち商人がどのように取引のなかの関係性を観察し，解釈したのかという結果を表現するものである。言い換えるなら，ある取引が当事者に対してどのような影響を与えるかを，「与えなければならない」あるいは「受け取らなければならない」という対立する結果に還元して認識するようになったということである。この意味で，複式記入はたんなる記録ではなく，記録者による自己と取引相手である他者との経済的関係性に関する思考様式であるといえよう。

　700年ほど前にイタリアの商業都市で生まれた複式記入は，「聡明な精神を有する人々が世界を認識する枠組みを形成するということ以上のものを成し遂げた」。そして，商人たち，すなわち，われわれは，「その帳簿記録［複式簿記の様式］にあわせて世界を合理的に理解するようになっていった」（Crosby［1997］p.211）のである。

第6章

会計記録の知識化とその普及

1　はじめに

　本章では，中世後期においてはすでに複数の商人の間で実践されていた複式簿記（複式記入）について，その知識がどのようにして社会的に普及していったのかについて考えていきたい。会計記録は商業技術，すなわちテクノロジーであるが，その技術が他者に移転するには何らかの手段を用いた伝達，あるいは伝承が必要となる。限られた時間と空間のなかにおいては，それは直接的な指導や訓練でもって実行可能であるが，より広い範囲で，すなわち，社会的な広がりのなかで移転・伝播・普及するには，次元の異なる手段が必要となる。そこで，まずは，複式簿記に関する知識の普及が活版印刷技術の発明・普及とどのように関連しているのかについて考察していく。次に，活版印刷による初期の簿記書が複式簿記技術をどのように伝えたのか，つまり，当時における複式簿記に関する「知識化」とその「社会化」について，イギリスで16世紀に刊行された簿記書を素材として検討していく。

2　印刷革命と知識の拡散

　会計記録は商業を営んでいくうえでの重要な技術である。その技術が，それを有する特定の者や組織または特定の地域から，他者または他の地域へ移転するには，何らかの手段での伝達あるいは伝承が必要となる。社会的な広がりをもって，あるいは地理的な広がりをもって，技術が移転・普及していくためにはそれを可能とするための有効な手段が不可欠である。ここでは，活版印刷技術に着目し，複式記入による会計記録技術の普及について考察する。

　ヨーロッパにおける活版印刷技術を用いて作成された書籍は，周知のように，グーテンベルク（Johannes Gutenberg）が1455年に印刷したいわゆる「42行聖書」をもってはじまるとされている。こんにちにおいては，揺籃期における印刷本という意味で，「インキュナブラ（incunabula）」と呼ばれる，16世紀になる以前，すなわち1500年12月31日までに活版印刷によって出版された書籍に限った場合でも，その数は想像を超えるほど多いものである[1]。したがって，活版印刷技術はある種の「爆発」を引き起こすこととなった。

　それは爆発的な知識の普及である[2]。しかも，それはたんに知識を普及させただけではない。一般には，活版印刷によって大量の書籍が短期間のうちに製作することが可能となり，その結果，価格も安くなって，多くの人々が本を手にすることができるようになったといわれている。

　活版印刷技術が発明される以前の中世までのヨーロッパにおいては，書籍の製作，正確にいえば，文書の複製作業は，正本を手書きによって書き写してい

1　大英図書館が中心となって世界中に残存するインキュナブラをリストアップして情報整理をしようとする世界的規模でのプロジェクト「インキュナブラ簡易表題目録（Incunabula Short-Title Catalogue）」が確認しているところによれば，目録数は約3万点に及び，じつに，「1500年末までに，ヨーロッパ全体では，1,500万から2,000万冊もの数の本が刊行されていた」（Man [2002] p.216）という。
2　アイゼンステインの表現では「ある種のコミュニケーション革命」といっている（Eisenstein（邦訳）[1987] 47頁）。

くという過程でおこなわれていた。こういった写本製作の作業は，その初期には，主にキリスト教の修道院内におかれた写本室でおこなわれたが，都市化が進んだ中世後期には，写本製作を請け負う工房が出現し商売として成立するようになった。このような手作業による写本製作は完成までに多くの工程を有する。もちろん，この複雑な工程すべてがひとりの人間によってなされるのではない。複数の写本を製作する場合は，文字を書き写すだけの作業においても，複数の（場合によっては非常に多くの）筆耕が，分担された部分のみを繰り返し筆写することで，作業の効率性を高め合理的な製作の実現のための工夫をしたと思われる。

だが，活版印刷の作業の効率性の高さはそれとは比較にならない。本1冊を製作するのに必要とされた労働ののべ時間は活版印刷技術の出現とともに大幅に短縮されたであろうことは容易に想像できる。その結果，1冊あたりの本の製作のコストは極端に安くなった。たとえば，次のような事例が紹介されている（Febvre and Martin ［1976］p.112）。

> フィレンツェにあるリポリ出版社は，1483年にフィチーノが翻訳したプラトンの『対話篇』の版組みと印刷に対して，1枚のクインテルノ（quinterno）[3]につき3フローリンを請求した。写本製作の写し手に対してはクインテルノ1枚に対して1フローリンが支払われた。

一見すると，活版印刷のほうが写本による製作よりも3倍のコストがかかったようにみえるが，手作業による写本が1冊を製作するのに対して，活版印刷によるリポリ社は1,025冊の本を印刷したとある（Eisenstein（邦訳）［1987］22頁）。上記のプラトン『対話篇』は30クインテルノからなる。となると，同じ本を製作するのに，活版印刷の場合は，3人の写本の写し手に支払う金額で

---

[3] 1クインテルノとは，その1枚に両面印刷をした場合，それを4分割してさらに2つに折ったもので，完成したら16ページとなる単位のことをいう。

一千冊以上の本ができあがるということになる。

　この当時の活版印刷本による聖書や，ラテン語，ギリシャ語，それにヘブライ語などで書かれた古典的な書籍の製作価格について，具体的な事例を紹介したRichardson［1999］によると，たとえば，1478年にベネチアで930部印刷された288枚のシートからなる聖書の製造価格は，紙の代金と賃金等でおよそ500ダカットであったという。印刷の費用は紙代金とほぼ同額であったということなので，この聖書1冊の価格は，現在の貨幣価値でいうと，およそ140USドルとなる[4]。

　以上は書籍の製作価格であったが，販売価格についてはどうであろうか。写本の場合は1冊あたり2,000～10,000USドルとたいへん高価であったが，活版印刷本の場合はわずか200～300USドルと相当に安価であったという（Sangster［2007］p.132）。このように，活版印刷技術は，はるかに安価で本の製作を可能とし，また販売価格も大幅に引き下げたことがわかる。印刷本という新しい媒体が社会に普及させた知識や技術は，手稿による写本とは，その絶対量が大きく異なることは容易に想像できる。

　また，写本と活版印刷を比較すると，記述内容についての「標準化」あるいは「規格化」という点で進化がみられる。写本の場合，写し手の誤りがあったり（たとえば肯定文を否定文にしたりなど），場合によっては勝手に内容を書きかえたりすることが少なくなかったといわれている。したがって，正本に対してじつに多様な写本が存在することとなるし，写本がさらに写しとられて2次的3次的な写本になるほど，その差異が存在する可能性は高くなっていく。これに対して，活版印刷の場合は，その可能性がまったくないわけではないが，多様性の可能性が相対的に小さくなる。活版印刷技術は，その意味において，統一的で標準化された記述内容を提供する可能性を高くすることとなった。

　このように，活版印刷によって刊行された書籍類の登場は，その内容が同一で，しかも大量に流通可能な情報を社会に提供したことになる。

---

[4]　現在の価格140USドルへの換算の根拠については，Sangster［2007］p.131によっている。

3 『スンマ』の意義

　周知のように，現在のところ確認されている世界で最も古い印刷された会計に関する文献としては，1494年にイタリアのベネチアで印刷出版されたルカ・パチョーリ(Luca Pacioli)の『算術，幾何，比および比例に関する大全(*Summa de Arithmetica, Geometria, Proportioni et Proportionalita*)』(以下『スンマ』)の第1部第9編・論説11に収められている「計算および記録に関する詳説('Tractatus Particularis de Comptutis et Scripturis')」と題された，わずか27フォリオ・約2万4千文字からなる記述が知られている。『スンマ』のこの記述は世界中の多くの会計研究者の関心を集めてきた。過去150年間に，5回も英語に翻訳され，そのほかにイタリア語，スペイン語，中国語，チェコ語，ドイツ語，トルコ語，日本語，フランス語，フレミッシュ/オランダ語，ポーランド語，ポルトガル語，ルーマニア語，ロシア語の各国の言語に翻訳され紹介されている。

　会計の世界では，『スンマ』は複式記入の会計記録手続きを叙述した最も古い活版印刷物としての評価がなされているが，数学の世界においても同様に，「代数学が最初に印刷された」[5]ものとして歴史的価値を有するものであるとされている（三浦［2011］201頁）。複式簿記がパチョーリの発明ではないといわれているように，もちろん，『スンマ』に収められている他の数学の事項もパチョーリが独自に考案したものではない[6]。繰り返し強調するが，『スンマ』は，活版印刷によって，当時の数学に関する知識の集積を社会に広げていったという点にこそ重要性を認識しなければならない。

　この『スンマ』には2つの歴史的な意義がある。1つは，ラテン語ではなくトスカーナ地方のことば（すなわち俗語（vernacular））で書かれているという

5　「代数学」の内容が収められているのは，『スンマ』の111v-115rと143r-150vである。
6　具体的にいえば，『スンマ』の代数学はフィボナッチの『算数の書』などとその構成内容がほぼ同じであるという。しかし，その内容は，『スンマ』に先行するものよりも詳しく記述されているという点では進展がみられるという（三浦［2011］参照）。

こと，いま１つは，それが活版印刷されたものであるということである。

　前章でみたように，複式記入による会計記録は，中世末期からルネサンス期のイタリアにおける複数の商業都市（先進的には13世紀のフィレンツェ）において実践されはじめた様式である。この意味で，複式記入は，当時の商人にとって身につけることが必要な商業技術であったということができる。商人が必要な技術や知識を身につけることは，第３章でみたように，まずは，子どものころに受ける教育からはじまる。文字の読み書きを学んだあとは，「アバコとアルゴリズモ」，すなわち，商業算術について学ぶのが普通であった。そこで当然のことながら，商業算術に関する「教科書」の類が必要となり作成された。さきにみたフィボナッチことレオナルド・ピサーノが著した『算数の書』（1202）は，これら商業算術の教科書の嚆矢として位置づけられるべきものである。前述したように，ルネサンス期の商業算術の教科書について研究したファン・エグモンドによれば，13世紀から15世紀にかけて300冊に及ぶ膨大な数の商業算術の教科書の現存がイタリアで確認できる（van Egmond［1988］p.129）。不思議なことに，これらの数多く著された（そしてそれはもちろん当時の社会的な要請があったためだと理解されるが）商業算術に関する教科書においては，複式記入による会計記録にかかわらず，「簿記，会計あるいは商業記録のいかなる点についても記述したものはまったく存在しない」（van Egmond［1976］p.190）という。

　ところで，商業算術の教科書とは別に，こんにちでは『商売の実務（La practica di mercantura）』あるいは『商売の手引（Il manuale di mercantura）』と呼ばれるようになった，中世後期になって出版された商人に対する指南書あるいは手引書のようなものがある。これらは，具体的には「中世にあっては複雑を極めた貨幣や度量衡の換算・対照表，商品一覧表，商品輸送の手段・経路や費用についての指示，旅行案内，各地の商業中心地や市場の叙述，通行税・市場税など種々の関税表，手形の支払期限，取引に必要な初等算術，暦法，さらには商人のしたがうべき倫理規範の類」（大黒［1983］244頁）にまで及ぶ広範な内容のものである。大黒［1983］によれば，15世紀末までに，13冊のこれら

「商人マニュアル」とも呼ぶべき『手引書』あるいは『実務』に関連する書籍が見出されている。商業算術の教科書類に比べれば，その数はわずかである。だが，これら13冊のなかには，注目しなければならないものが2冊含まれている。1冊はルカ・パチョーリの『スンマ』(1494) であり，もう1冊はベネデット・コトルリ (Benedetto Cotrugli) によって著された『商業技術の書 (*Libro dell'arte di mercantura*)』[7]である。これらはともに，それまでの商業算術の教科書においては触れられることがなかったとされる複式記入による会計記録の手続きについて論述している。

よく知られていることではあるが，この『商業技術の書』は，『スンマ』が出版される約40年前の1458年にナポリで完成している。その意味においては，コトルリのこの本は世界で最初の複式記入による会計記録に関するものであるということができるであろう（片岡 [1996] 13頁）。しかし，これは手稿本であるため，大量に流通したものではないことが予想される。当時のナポリにはもちろんのこと，イタリア半島に活版印刷の技術はまだ到達していない。コトルリのこの書が印刷された[8]のは，完成から100年以上も経った1573年のことで，タイトルも『商業および完全な商人について (*Della mercantura et dell mercante perfetto*)』と変更されている[9]。

---

7 大黒 [2010] によれば，コトルリのこの書は「ヨーロッパ史上最初の体系的商業指南書」(197頁) であるという。

8 印刷し刊行を手がけたのは，パドバのフランチェスコ・パトリティウス (Francesco Patritius) であるが，出版にあたってパトリティウスはコトルリのオリジナルのテキストに手を加え，タイトルばかりかその内容までも大きく変更してしまったという（大黒 [2006] 227頁，片岡 [2007] 60頁）。

9 コトルリとその文献については片岡 [2007] で詳しい検討がおこなわれている。それによれば，コトルリのオリジナルの手稿本には2冊の写本があるという。1冊は1484年3月17日に手写されたもので，もう1冊は，近年になって発見されたもので，1475年に手写されたものであるという。片岡 [2007] では，後者の写本と1573年の印刷本との比較考察をおこない，さらには，1475年写本と1573年印刷本のそれぞれにおける簿記に関する部分の日本語訳を提供している。また，1990年にはトゥッチ (Ugo Tucci) によって新たに内容を整理された版が出版された (Tucci [1990]，大黒 [1993])。

ともに15世紀において著された，コトルリとパチョーリの2冊の書籍の決定的な違いは，それが活版印刷されたものであったかどうかという点である。つまり，複式記入に関する知識の社会的な影響の強弱である。前節で述べたとおり，写本と活版印刷本とでは，情報流通の絶対量が異なる。もちろん，活版印刷で伝達される情報量は圧倒的に多い。

　では，パチョーリの『スンマ』は，どれくらいの価格で販売され，その価格は『スンマ』に記述された内容が社会に広まるのに適当なものであったのか，そしてその結果，どれくらいの部数が印刷されたのであろうか。

　ある研究によると，堅い内容で大型の書籍である『スンマ』は119ソルディで販売されたという（Dunlop [1985] p.153）。現在の貨幣価値に換算するとおよそ120USドルだという（Sangster [2007] p.132）。さて，この金額（119ソルディ）がどれくらいのものであるのか，当時の給与水準を参照してみよう。15世紀後半のイタリアの大学教師の平均的な年間の給与はおよそ40～60ダカットであったという。換算すると，5,000～7,500ソルディに相当する。パチョーリは高名な数学者として名をはせていたが，彼がフィレンツェ大学でユークリッド幾何学を教えた1499年から1507年までに支払われた給与は年額で約85ダカットであったらしい（Taylor [1942] p.295）。このことからみると，1冊119ソルディで販売された『スンマ』は，それまでの写本の価格より数倍安価だとはいえ，大学教師の約1週間分の給与に相当したものであったことがわかる。つまり，活版印刷された『スンマ』は，一般の人々にとっては，いまだにかなり高価なものだったのである（Sangster [2007] p.132）。

　書籍の安価で大量な流通を可能にした15世紀の「印刷革命」とパチョーリの『スンマ』の関連性についてみてきた。手稿による写本の生産量に比べれば，確かに，活版印刷技術がもたらす大量の情報提供能力は驚くべきものがある。しかし，当時の活版印刷技術が製作できる書籍の部数はそれほど多くない。加えて，どんなに安価な価格で本の販売が可能になったとはいえ，高価なものであったことに変わりはない。それにもかかわらず，『スンマ』は，当時の他の

活版印刷書籍よりも多くの部数が製作されたと推定されるし，1494年の「初版」でも複数の異本が確認されていることに加えて，1523年には「第2版」が印刷刊行されてもいる。このことからいって，パチョーリの『スンマ』が，当時の他の書籍に比べると，広く受け入れられたものであったと評価することはやぶさかではないだろう。その結果，『スンマ』に記述された複式記入による会計記録に関する説明はイタリア半島を越えて，その後ヨーロッパに広まっていくこととなったのである。

「印刷」と複式簿記の関係について検討していくこととしよう。

会計記録の技法としての複式簿記は，中世後期以降のイタリアの商業都市で実践されていたことについては確認した。しかし，その知識と技術が同時代の商人たちにとってどの程度一般的なものであったのかについては明らかでない。前章でみたように[10]，現存する複式簿記（複式記入）による会計記録は時間の経過に関係して地域間でのばらつきがある。13世紀の終わりから14世紀前半にかけて複式簿記（複式記入）での実践が確認されるのはフィレンツェを中心としたトスカーナ地方に限られており，ジェノバやベネチアあるいはミラノといったイタリア北部の商業都市では14世紀半ば以降でないとその実践の痕跡は観察できていない。もちろん，こういった現象は商業が隆盛した時期にずれがあったという理由からも説明できるであろうが，重要なのは，同時代において，複式簿記の知識が地域を超えて標準化していなかったという事実である。

活版印刷技術はこの点において革命をもたらすこととなった。

なるほど，活版印刷物である『スンマ』が著されてから，それまでの商業算術の教科書や商人マニュアルではほとんど触れられることのなかった複式簿記に関する記述は，それ以後，ヨーロッパ各地で続々と現れるようになった[11]。この意味において，ルカ・パチョーリの『スンマ』は，複式簿記知識の公開と

---

10 5-1の資料を参照。
11 イタリア・ドイツ・ネーデルラント・フランス・イギリスのヨーロッパ諸国において，16世紀までに活版印刷で出版された複式簿記の文献については，土方［2005］422-432頁に整理されている。

普及において大きな社会的意味を有していると評価されるべきものである。

さて，複式簿記の知識移転がヨーロッパでどのように展開されたかである。土方［2005］がわかりやすく提示しているとおり，複式簿記に関する出版物は，イタリア，ドイツでまず現れ，ネーデルラント，フランス，そしてイギリスへと広まっていく。この現象は，印刷技術の移転や書籍市場の成熟だけでなく，それらを招来する本質的要素である経済社会の発展と関連する。

つまり，ほんとうに評価されるべき活版印刷技術の社会的価値は，それが「地理的障壁を越える媒体」(Burke［2000］pp.77-78) を大量に生み出したことで，「異なる地域の人々の知識を標準化」(Burke［2000］p.11) させたことにあるとみなすべきである。つまり，知識の「移転」(Burke［2000］p.77) が容易になったということである。知識の移転は，このように活版印刷技術の移転と密接な関係にあったのである。

4　16世紀における会計知識の普及

本節では，16世紀のイギリスにおいて，会計記録がどのように社会的に普及したのかについて検討する。というのは，この時代のイギリスの簿記書には，複式記入による会計記録手続きを記述する際に，そこに一定の論理を見出そうとするものがあらわれるようになったからである。つまり，会計記録に関する知識化とその社会的普及である。

イギリスへ活版印刷技術が伝わったのは1476年のことである。ドイツのケルンで印刷技術を身につけ，その後オランダに渡って出版業にも携わった商人である，ウィリアム・カクストン (William Caxton) がこの年にウエストミンスター寺院の構内に印刷所を設けたのがそのはじまりである。だが，15世紀の後半から16世紀のはじめにかけて，イギリスの印刷業と書籍の流通に携わった多くの者はヨーロッパ大陸から渡った人々であった。当時はイギリス人以外の労働は規制されていたが，この新しい技術移転を円滑にするためであろうか，書

籍商と印刷工に対してはその制限は例外的に免除されていた。しかしながら，1534年になると，一転して，印刷と出版に関する仕事はイギリス人のみに対して認められるようになり，さらには，外国からの図書の輸入に関しても厳重な規制が設けられるようになった。これは，活版印刷技術によってもたらされるであろう，情報や知識に対するある種の社会的統制である（Feather［2006］p.17)。これ以降，イギリスにおける印刷および出版は王室の管理（検閲・特権・特許　独占権）の丁でおこなわれることになる。

　このような印刷・出版に対する厳格な規制があったにもかかわらず，イギリスの書籍市場は16世紀以降著しく拡大していく。いやむしろ，市場の拡大があったがために王室による規制が必要であったのだろう。書籍の流通量の増大はリテラシーの向上をもたらした。初期の活版印刷による書籍は，すでに何世紀もの間，写本によって世に出ていたもの（その多くはラテン語による文献）を新たに活字によって印刷・出版したものであったため，この意味において，文字文化に慣れ親しんでいた知的エリート階層にとって大きな意味の変化はない。しかし，活版印刷がもたらした本質的な変化は，はじめから大量の流通が予定されていた新しい性格の書籍の出現であり，それらは俗語で書かれたものが多く，当然対象となる読者はそれまで本の文化に触れることが少なかった一般の市民であった。

　1537年には，作者不詳ではあるが，*An Introduction for to lerne to reken with the Pen and with the Counters, after the true cast of arismetyke or awgrym in hole numbers, and also in broken* という書籍が出ている。これは英語による最初の印刷された商業算術の教科書であり，インド・アラビア数字による記数法と十進位取り表記法が採用されている。これは，1539年，46年，74年，81年，95年と版を重ねている（Smith［1924］p.320)。こういった状況は，イギリスの経済がこの頃から急速に発展していったことを反映しているという。そして，それほど間を置かずに，複式簿記の教科書もイギリスにおいて現れてくることとなる。

　これまでの先行研究によって確認されてきた16世紀のイギリスにおける簿記

書には，以下のようなものがある。

(1) オールドキャッスルの簿記書（1543年）

　イギリスで最も古いといわれているのが，オールドキャッスル（Hugh Oldcastle）の簿記書 *A Profitable Treatyce called the Instrument or boke to learne to knowe the good order of the keyping of the famous reckonyng,...* である[12]。しかしながら，この簿記書はいまだその存在が確認されていない「幻の簿記書」である。

　この簿記書の存在が推察されるのは，1つには，後述する1588年に出されたメリス（John Mellis）の簿記書 *A brief Instruction and maner* において，……I am but the renuer and reuiuer of an aunciet old copie printed here in London the 14. of August. 1643. Then collected, published, made and set forth by one Hugh Oldcastle Scholemaster,……"[13] という言及があることによる。しかし，メリスはオールドキャッスルの簿記書の書名については明らかにしていない。いま1つには，*A Profitable Treatyce* の存在を示した複数の書誌調査があることによる。すなわち，オールドキャッスルが簿記書を著したことと，*A Profitable Treatyce* なる簿記書が存在したことはある程度合理的に検証されるが，両者が結びついているかについては確証があるとはいえないのである。また，この簿記書はルカ・パチョーリの簿記論の翻訳であるという説もある[14]。

12　オールドキャッスルの簿記書はその現存が確認されていないので，じつは書名すら正確に判明しえていない。これまでの研究でいくつかの異なった表記があるが，ここに掲げたのは Kats［1926］にしたがったものである。
13　Mellis［1588］to the reader.
14　オールドキャッスルの簿記書に関する研究については，たとえば，Kats［1926］pp.483-487，小島［1971］73-85頁，久野［1979a］121-128頁，久野［1979b］106-111頁 などを参照。

(2) インピンの簿記書（1547年）

オールドキャッスルの簿記書が著されたとされる1543年に，アントウェルペン（アントワープ）でインピン（Jan Ympyn Christoffels）の簿記書 *A notable and very excellente woorke,...* が出版された。この簿記書はオランダ語（フランダース語）で書かれたものであるが，同年にフランス語版が，そしてその4年後である1547年に英語版である本書が出版された[15]。

なお，本書のタイトルにおいては，原著者名，英語の翻訳者名，さらには印刷者名および印刷された地名などはまったく記載されていない[16]。

(3) ピールの簿記書（1553年）

そして，イギリスにおける3番目の簿記書として確認されているのが，ピール（James Peele）の *The Maner and fourme* である。オールドキャッスルの簿記書が現存していないこと，インピンの簿記書が翻訳であり，しかも一部破損していることからなど，実質的に本書が最初のイギリスでのオリジナルな簿記書であるといえる。なお，本書については次章以降で詳述するので，書名その他についても次章以降で明らかにすることとする。

---

15 インピンおよびその簿記書については，小島［1971］93-124頁，久野［1979a］138-150頁などを参照。なお，英語訳のインピン簿記書は，モスクワのレーニン図書館に所蔵されているものをもとに小島男佐夫とヤーメイ（B. S. Yamey）によって，1975年に大学堂書店から復刻されている。

16 しかしながら，この簿記書がインピンのものであることについては多くの歴史研究がその根拠を提示している。さらにこの簿記書がイギリスで出版されたであろうことは，タイトル・ページの特徴から，本書が，後述するピールの最初の簿記書のタイトル・ページの印刷者であるグラフトン（Richard Grafton）によるものであることが確信されるという（小島［1971］102頁を参照）。

(4) ウェディントンの簿記書（1567年）

マーチャント・アドベンチュアラーズとして，長い間，ネーデルラントに滞在したことのあるウェディントン（Johen Weddington）は，1563年に *A Breffe Instruction, a and Manner,...* という簿記書を出版した[17]。

この簿記書はアントウェルペンで印刷出版されているので，正確にはイギリスにおける簿記書とはいえないかもしれないが，ウェディントン自身はロンドン市民であり，本書が，アントウェルペンなど海外で従事するイギリス商人やマーチャント・アドベンチュアラーズに資するために書かれたものであることを考慮すれば，ここに掲げることはあながち不適切ではないであろう。

(5) ピールの簿記書（1569年）

これはピールによる2番目の簿記書 *The Pathe waye to prerfectnes,...* である。前著が120ページあまりであったのに対して，この簿記書は400ページを超える大著である[18]。

(6) メリスの簿記書（1588年）

(1)で述べたが，オールドキャッスルの簿記書を範にしてメリスが著したのが

---

17 ウェディントンおよびその簿記書については，小島［1971］165-191頁，小島［1987］122-129頁などを参照。なお，ウェディントン簿記書は，スコットランド国立図書館に所蔵されているものをもとに，M. F. Bywater 編纂による一連の Historic Accounting Literature シリーズの第2巻として Scolar Press と Yushodo Press から1979年に復刻されている。

18 ピールの第2の簿記書については，小島［1971］197-227頁などを参照。なお，この第2の簿記書は，アメリカ合衆国のハンディントン図書館所蔵のものをもとに，Peele's The Pathe Way として，小島男佐夫と B. S. Yamey によって，1980年に大学堂書店から復刻されている。

A Briefe Instruction and maner hovv to keepe bookes of Accompts after the order of Debitor and Creditor,... であるという[19]。

 また，オールドキャッスル簿記書はパチョーリ簿記論の翻訳であるとの説もあるので，したがって，メリス簿記書とパチョーリ簿記論との比較研究や，ここでみてきたようにメリス簿記書に至るまでこれに先行するいくつかの簿記書がイギリスで著されていることから，ピールの2つの簿記書やウェディントンの簿記書との関連性を探る研究もなされている[20]。

5　むすび

 本章では，会計記録の方法である複式記入の技術が社会的な存在として普及する手段として，簿記書とその大量生産を可能にした活版印刷について論じてきた。活版印刷技術の発明によって，写本（手稿本）に比べて，書籍が大量に製作されるようになり，その結果，1冊あたりの単価が大幅に引き下げられたことを確認した。また，同一内容・同一規格のものが大量に製作されることで，同一の記述内容をもつ書籍によって，統一化され標準化された知識が大量に社会に流通することとなった。

 このような技術革新を背景として，ルカ・パチョーリの『スンマ』は登場したのであった。活版印刷された世界で最初の数学書である同書に収録された会計記録に関する記述は，地理的障壁を越えて，比較的短期間でイタリア半島を離れて広まっていくこととなった。その結果，15世紀の終わりに『スンマ』に記述された複式簿記技術の説明は，その記述のされ方を進化させながら16世紀

---

[19] メリス簿記書は，イングランド・アンド・ウェールズ勅許会計士協会に所蔵されているものをもとに，M. F. Bywater 編纂による一連の Historic Accounting Literature シリーズの第22巻として Scolar Press と Yushodo Press から1980年に復刻されている。

[20] メリス簿記書とパチョーリ簿記論との関連性を検討したものとしては，たとえば，小島［1971］233-280頁，久野［1979a］121-135頁などを参照。また，ピール簿記書との関連性を検討したものとしては，Yamey［1979］pp.209-216がある。

ヨーロッパに普及していった。とりわけ，イギリスの簿記書においては，複式記入手続に関する論理的な説明についての進展がみられるようになる。次章では，この点に着目していくこととする。

第7章

会計記録手続きの論理

1　はじめに

　リトルトン（A. C. Littleton）によると，複式簿記に関する教授法[1]は次の3つの段階を経ながら発展してきたと整理されている[2]。すなわち，仕訳帳記入の技法習得のみに力点を置く「仕訳帳アプローチ（journal approach）」，元帳（すなわち勘定）記入の法則化を企図する「元帳アプローチ（ledger approach）」，そして，貸借対照表を簿記プロセスの起点かつ終点とみて，その構造を貸借対照表等式や資本等式のような基本等式に抽象化して表現し，すべての取引の結果が基本等式を構成する資産・負債・資本（主持分）のいずれかの増加または減少となって現れることからすべての簿記のプロセスを一貫したルールでもって説明する「貸借対照表アプローチ（balance sheet approach）」がそれである。

　なかでも，仕訳帳アプローチは，簿記の教授法としては最も原初的なものである。しかしながら，同時に，非常に長い期間にわたって，とりわけ，16世紀

---

[1]　ここでいう複式簿記教授法とは，「どのように簿記を教えるか」といった教育上のアプローチを意味するのではなく，簿記にとって最も重要な点は何であるかを意識しながら，「どのような観点から合理的かつ体系的に複式簿記を説明し理解させるか」という簿記の理論的な要素をも含意するものである。

[2]　Littleton[1931]p.33. しかしながら，この論文における意図は，簿記の教授法の歴史的叙述ではなく，彼の構想する第4の簿記教授法，すなわちコスト・アプローチ（cost approach）の必要性を主張することにある。

から19世紀にかけてのイギリスの簿記書において多く採用されてきたアプローチでもある。そこでとられた手法は，たとえば「受け取った物は借方に」などのシンプルな「仕訳の一般法則」の提示によってはじまる。これは，従前の簿記書が，たんに記帳実践を記述しただけのものであったのに対して，「複式簿記におけるテクニカルな側面を，最も典型的に示すものである」[3]仕訳帳記入の局面に着目して，少なくとも一定の簿記の「論理」を抽出したものであると評価できるであろう。しかしながら，その後，仕訳帳アプローチの展開の過程で，シンプルな「一般法則」から，起こりうるすべての取引についてそれぞれの仕訳パターンを詳細に提示しそれを機械的に暗記（暗誦）するという非論理的な教授法となって衰退していったとされる。

そこで，本章では，この最も原初的な簿記教授法である仕訳帳アプローチについて，その生成から発展，そして衰退までの過程をいくつかの簿記書にもとづきながら検証していくこととする。なお，本章において，たんに簿記と表記している場合でも，それは複式簿記のことを指している。

2　『スンマ』における仕訳手続きの説明

さて，仕訳帳アプローチの検討に立ち入る前に，それが確立する以前については，簿記技術の教授，とりわけ，仕訳帳記入に関するインストラクションはどのようにおこなわれていたのかについて簡単にみていきたい。

その際，検討の素材とするのは，現存する活版印刷された簿記関連の文献として最古のものとされる，ルカ・パチョーリの簿記論[4]についてである。

3　久野［1979a］54頁。
4　周知のように，パチョーリの簿記論は彼の主著のひとつである『スンマ』すなわち，『算術，幾何，比および比例大全』（*Summa de Arithmetica, Geometria, Proportioni et Proportionalita*）の第1部第9編・論説11「会計および記録に関する詳説」（Particularis et Conputis et Scripuris）に収められており，それは36の章からなっている。

第7章　会計記録手続きの論理　　119

Debitore 1 Creditore 2	1° Per Cassa de cotanti. A cauedal de mi tale, ecc, per contanti mi trovo i qlla al presente, fra oro e mnete, argeto e ramo di diversi conii, coe ape i lo foglio dello' inventario posto i cassa ecc., i tutto duc. tati d'oro. E monete duc tanti, valgono i tutto, al modo nro veneziano a oro, cioe a grossi 24 per duc. e picioli 32. per grosso a £ a oro. 　　　　　　　　　　　　　　　　　　　　　　　£　　s　　g　　p
債務者1 債権者2	第1項目　借方：現金，貸方：私の資本金等，私は，現在，金・貨幣・銀それに各種の銅貨で現金をいくらか持っている。すなわち，金庫の中にある財産目録に記載しているとおり，金で合計何ダカット，貨幣で何ダカット，われわれはこれらをすべてベネチアの金貨に換算して評価する。すなわち，1ダカットあたり24グロッシ，1グロッシあたり32ピチョーリとすると，リラ金貨で 　　　　…リレ　…ソルディ　…グロッシ　…ピチョーリ

　パチョーリの簿記論において，7種の具体的な取引例について仕訳帳記入の方法を記述している[5]。

　この資料から明らかなように，パチョーリは仕訳帳記入について文章による記述説明にとどまっており，記帳様式の凡例を示してすらいない。またこの第1項目を含めてこれに続く第2項目以下の仕訳帳への記帳説明は，すべて，財産目録記載項目を仕訳帳へ記入する手続きである[6]。

　具体的な個別の取引については，第18章から第24章にかけて，日記帳・仕訳帳・元帳への記帳方法が述べられている。たとえば，砂糖と現金を交換した場

---

[5] 訳出にあたっては，パチョーリ簿記論の次の訳文を参照した。片岡［1956］78-79頁，岸［1983］56頁，片岡［1988］191頁，Geijsbeek［1914］p.45, Brown and Johnston［1963］p.45, Penndorf［1933］S.104-105, Crivelli［1924］p.26.
[6] 第2項目は宝石類，第3項目は銀製品，第4項目は羊毛衣類などの毛織物，第5項目は麻のシーツ，第6項目は羽毛でできた寝具，そして第7項目はメッシーナ産のショウガである。これらの諸項目を資本金勘定を相手勘定として仕訳帳にどのように記帳するかについて説明を続けている。

合については次のとおりである[7]。

> Per cassa : A li dutti ecc. Per contanti hebinel ditto. baratto. dal ditto ecc. Per pani n°. tan-ti ecc., pesano £ tante val.
>
> $\qquad\qquad\qquad\qquad\qquad\qquad\qquad\qquad$ £　　s　　g　　p
>
> 借方：現金，貸方：同上，前に述べたように，交換によって現金を受け取る。砂糖何単位，重さ何ポンド，金額
>
> $\qquad\qquad\qquad\qquad$ …リレ　…ソルディ　…グロッシ　…ピチョーリ

このように，パチョーリ簿記論においては，たんに仕訳帳記入に関してその実践のやり方が綴られているのみであって，そこにはいまだ「仕訳の一般法則」は現れていない。

3　仕訳の一般法則の形成

(1)　マンツォーニの簿記書（1540年）

ここではまず，1540年にベネチアで出版されたマンツォーニ（Domenico Manzoni）の簿記書[8]をとりあげる。本書は大きく2つの部分からなり，その最初の部分は仕訳帳記入に関する15の章から構成され，続く第2の部分は，じつに300の具体的取引についての仕訳帳記入の例示[9]である。つまり，マンツォーニのこの簿記書は，仕訳帳記入の教示にそのほとんどを割いているのである。

7　Pacioli［1494］, Distincto nona. tractus. xi° de scripturis, 204v.
8　マンツォーニの簿記書については，たとえば次のような先行研究がある。Murray［1930］pp.179-184, Bywater and Yamey［1982］pp.41-44, 片岡［1988］257-263頁。
9　パチョーリ簿記論においては存在しなかった具体的な帳簿様式における記帳例示が，マンツォーニの簿記書においては示されているのである。

われわれが関心を寄せるのは，第1部の「仕訳帳記入に関する目次（Taula de li capitali generali del Giornale)」の第13章に示されている仕訳帳および元帳記入に関する「法則」である。

ここにおいては仕訳帳（giornale）と元帳（quaderno）に関する法則（regola）が表現してある。

> Nota che la Regola del Giornale & Quaderno, in se contiene sei cose, cioe Dare, Hauere, Qualita, Quantita, Tempo, & Ordine.
> <u>Dare, signisica douer dar, cioe il debitare, o uno o piu che siano.</u>
> <u>Hauere, unol dir douer hauere, cioe il creditore, o uno o piu che siano.</u>
> 　　　　　（中略）
> Il P, in tal luogo significa la cosa sebitrice,
> Et lo A, in tal luogo significa la casa creditrice.
> 　　　　　（以下省略）

（下線による強調は引用者）

下線を付した3行目と4行目に注目しよう。3行目は「借方」について，4行目は「貸方」についてその意味が書いてある。すなわち，借方は借りている人（debitare），貸方は貸している人（creditore）と。ここに，パチョーリ簿記論においてはみられなかった，複式簿記の最もテクニカルな部分の1つであるが学習者にとって重要な論点である仕訳帳記入に関する一定の法則が提示されているといえる。また，加えて重視したいのは，この「法則」全文の表現方法についてである。全体を通じて韻を踏んだリズミカルな表現がとられている。

(2) オールドキャッスル＝メリスの簿記書（1588年）

さて，次にイギリスにおける簿記書に目を転じてみよう。前章でみたように，イギリスで最古の複式簿記書といわれているのは，1543年に出版されたオールドキャッスル（Hugh Oldcastle）の *A Profitable Treatyce*……とされているが，これはその現存が確認されていない「幻の簿記書」である。しかし，いくつか

の証拠からこの簿記書が実在したのは確かだと思われる。したがって，ここでオールドキャッスルの簿記書について直接に検討するのは不可能であるが，その代わりに，1588年にロンドンで出版されたメリス（John Mellis）の簿記書である *A Briefe Instruction and Maner How to Keepe of Accomts*……についてみていこう。というのは，メリス自身が，その著書のなかに次のような記述をおこなっているからである[10]。

> And knowe ye for certaine, that I presume ne vsurpe not to set forth this worke of mine owne la-bour and industrie, for truly I am but the renuer and reuiuer of an auncient old copie printed here in London the 14. of August. 1543. Then collected, published, made and set forth by Hugh Oldcastle Scholemaster, who as appeareth by his trea-tise then taught Arithmetike, and this boole in Saint Ollaues parish in Marke lane.

すなわち，この本は自分自身の努力や勤勉の成果ではなく，1543年8月14日にロンドンで出版されたオールドキャッスルの古い簿記書をリニューアルしたものであるといっているのである。もちろん，この記述に関して多くの研究[11]が加えられ，その信憑性について検討がおこなわれてきた。

その成果を汲んで，ここでは本書がイギリス最古の簿記書の雰囲気を伝えるものとして位置づけ取り扱っていくことにする。したがって，オールドキャッスル＝メリスの簿記書と表現しているのである。しかしながら，オールドキャッスルのオリジナル・テキストは入手できるはずもないので，参照したのは Mellis [1588] である。

オールドキャッスル＝メリスの簿記書の第9章「仕訳帳と呼ばれる2番目の主要帳簿の記帳方法（Of the second booke principall called the Iournall. Howe it ought to be disposed and ordered.）」に次のような記述がある。

---

10 Mellis [1588] To the Reader, A2r-A3v.
11 たとえば，Kats [1926]，Yamey [1979]，小島 [1971]（とくに第8章），それに久野 [1979a] 121-138頁などを参照。

> That yee know the two termes used in the saide Journall after the maner as is u-sed in the same, which as the order of this ac-count reqireth, is expressed by two denominations : to wit, by Debitor, and Creditor, whereof the first is the name of the Debitor, receiuer or borrower : and the other of the Creditor, deliuerer, or lender. To the furtherance wheweof there is a Rule, which beeing well understand, will aide you greatly : which Rule is to bee learned as well by rote, as by reason, which is thus.
>
> > All thinges receiued, or yhe receiuer must
> > owe to all thinges deliuered, or to the
> > deliuere.

　その内容は概略以下のとおりである。すなわち，「仕訳帳には借方（Debitor）と貸方（Creditor）の２つの類別によって表現される側面がある。借方とは，借主（Debitor），受け取った人（receiuer）あるいは借りている人（borrower）についての名称であり，これに対して貸方とは，貸主（Creditor），引き渡した人（deliuerer），あるいは貸している人（lender）についての名称である。仕訳帳の記入にあたってはよく理解しておくべき法則（Rule）があり，それはあなたをおおいに支援するものである。この法則をよく暗記し（by rote），そして理解（by reason）しなければならない」と。

　そして，フォントを変えて３行にわたる「仕訳法則」が表現されている。それには**「受け取ったすべての物あるいは人は，引き渡したすべての物あるいは人に対して借方である」**とされている。これこそが，仕訳帳記入に際して提示されている「一般法則」である。

　以上，イギリス最古の簿記書の「リニューアル版」とされる，すなわち1543年に出版されたオールドキャッスルの簿記書のテイストを残すと考えられる，メリスの簿記書における「仕訳の一般法則」についてみてきた。しかし，当然のことながら，これがオールドキャッスルの簿記書とどの程度同じ内容を再現できているのかを判定する術はない。そこで，時代は前後するが，次項では，現存する簿記書としては最も古いイギリス「オリジナル」の簿記書であるピー

ルの第1の簿記書についてみていくこととする。

(3) ピール第1の簿記書（1553年）

すでに，前章においてみたように，イギリス人の手による簿記書で，現存が確認されている最古のものは，ピール（James Peele）が1553年にロンドンで出版した *The maner and fourme how to kepe a perfecte reconyng*……[12]である。本書は大きく2つの部分から構成されている。その前半部分の大半は The Instruccions と称して，簿記技法についての解説が11の章にわたって記述されている。そして第2の構成部分は，仕訳帳と元帳への記帳例示である。

The Instruccions の第4章「財産目録の記載事項と日常の取引についての仕訳帳記入の方法」（Howe to enter all thinges into the Jornall, as well suche as procedeth of the inuentorye, as of any other chaunced in occupiyng, being seuerally entituled at euery chaunge in the saied chapter, and how to refourme an erroure chaunced in the Jornall.）の最後の部分[13]に，以下に示す「仕訳の一般法則」が記されている。

> （marking well）your generall rule before taught, whiche is to make the thinge or thinges receiued, debitour to the thynge or thynges deliuered, or the receyuer debitour to the deliuerer, you cannot mysse.

すなわち，「受け取った物は引き渡した物に対して借方であり，また受け取った人は引き渡した人に対して借方である。この一般法則（generall rule）を忘れてはならない」として，明確に仕訳に際しての「一般法則」を打ち立てている。

---

12 ピール第1の簿記書に関する先行研究としては，たとえば，Kats［1930］，小島［1971］（とくに第5章），小島［1978］，小島［1988］などを参照。
13 ピール第1の簿記書において，The Instruccions 第4章は他の章と比べて非常に分量の多い7頁に及ぶ記述がなされた，本書の中核部分である。

ピールの第1の簿記書で、さらに特徴的なのは、後半部分の冒頭、すなわち仕訳帳の記帳例示のタイトル頁の次に、以下のような「遵守すべき法則」(Rules to be obserued) が高らかに掲げられていることである。

　3行目と4行目に、The Instruccions 第4章の末尾部分に記述してある「一般法則」と類似した表現、すなわち、

> To make the thinges Receiuyd, or the receiuer,
> 　　Debter to the thinges deliuered, or to be the deliuere.

が含まれているが、この「遵守すべき法則」の全文は、前記のマンツォーニの簿記書と同様に、韻を踏んだリズミカルな文章で刻まれている。

　このように、韻文で簿記のルールとりわけ仕訳のルールを表現することにはどのような意義があるのだろうか。それは、簿記教授法としての仕訳帳アプローチの特性のあらわれである。これまでみてきたように、仕訳帳アプローチが企図する仕訳の法則の抽出とその一般化は、「借方」、「貸方」の原義である債権債務関係から敷衍された、取引を人と人との関係のなかでの物の受け渡しと解釈する、いわゆる「擬人的受渡説」[14]と表現されるある種の「簿記理論」であるといえる。しかしながら、具体的な教授法としては、まずはこの法則を

14　勘定の擬人化については次の説明が有用である。すなわち、「勘定の人格化、つまり擬人化 (personification) の手法は、個人間の貸借関係から取引の貸借分析を容易に説明できた人名勘定に加えて、現金勘定や商品勘定などの非人名勘定が導入された際に、これらの勘定を抽象化して財産の一構成部分として把握することができず、むしろこれら非人名勘定についても人名勘定と同様な人的関係（＝貸借関係）を擬制し、かかる観点から取引の貸借分析を統一的に説明しようという試みの産物であった。このような勘定の擬人化は、既に Paciolo 簿記論にも見出されるが、とくにイギリスにおいては、イタリアの簿記書を翻訳する際に、厳密に対応する語が英語に存在しなかったため、"debito" や "credito" を擬人的に意訳し、より人的意味あいを有する "oweth" や "trust" という語を充てたり、あるいは、イギリス中世の荘園会計にみられる会計責任 (accountability) の設定と解除にかかわるチャージ・ディスチャージ (charge and discharge) の形式とも結びつくことなどによって、深く簿記教育の場に根付くように」（中野［1992］50-51頁）とされる。

暗記して (by rote), 各種取引の仕訳パターンを機械的に覚えていくというものであった。その意味で, 覚えやすいようにリズミカルな韻文表現の工夫がなされたと考えられる。

(4) ピール第2の簿記書 (1569年)

　ピールは, 第1の簿記書を出版したおよそ16年後に, 2冊目の簿記書である *The Pathe waye to prerfectnes*[15]を出版した。この簿記書は400ページを超える大著であり, 形式的な特徴としては, 教師 (scholemaster) と生徒 (scholler) の対話形式によって, 簿記技術の説明がおこなわれていることがあげられる。

　以下に示したのは,「適切な借方・貸方記録のための教師と生徒との対話 (A dialogue betwene the scholemaster and the scholler, wherby is taught the maner to kepe bookes of reconinges for marchauntes by thorder of debitour and creditour, aswell for accomptes proper)」における一節である。

　仕訳帳記入の際の法則についての対話であるので, そのニュアンスを伝えるためにも, ここに該当する記述を示しておく。

　Scholemaster. Yt is a certayne rule to be learned by rote, and also by reason, and is to be pract-sed in all causes of entring percelles unto the Journallfor the moste parte, which being well un-derstanded, is a greate furtherance to that which is yet to learne, and thus it is. <u>All thimges re-ceaued, other receauer, must owe to all thinges deliuered, or to the deliuerer.</u>

　Scholler. I am alredic able to aunswere the same by rote, but the reason thereof I under-stande not.

（下線による強調は引用者）

　下線を付した箇所, すなわち,「すべての受け取った物あるいは受け取った

15　このピール第2の簿記書については, 小島 [1971]（とくに第7章）, 小島 [1988], 白井 [1980] などを参照。

人は引き渡した物あるいは引き渡した人に対して負っている（借方である）」
という，仕訳に際して理解し覚えなければならない法則が教師によって提示されている。

　ここまでは従前の簿記書における仕訳の法則の提示と変わりはない。興味深いのはこの教えに対する生徒の反応である。彼は，「暗記することで（by rote）これを答えることはできるが，その理由について自分は理解していない」といっている[16]。これに応えるかたちで，教師は，物を購入した場合にどのように仕訳をするのか，あるいは反対に物を売ったときにどのように仕訳をするのかについて，具体的な事例をあげて説明している。その結果，生徒は「その意味がよく理解できた」といっている。しかしながら，この教師の説明は「なぜそのように仕訳するのか」，その「理由について」（by reason）はまったく答えていない。

　また，その第1の簿記書と同様に，ピールの第2の簿記書においても，その後半部分を構成する帳簿記帳例示（A号仕訳帳）において，そのタイトル・ページの次に，以下に示したような「仕訳の法則」が記述されている。

> To make each thinge receaued, or the receauer, Owe to eache thinge deliuered, or the deliuerer

　また，この文も，第1の簿記書の場合と同様，韻文による表現である。

　これまでみてきたように，Manzoni［1540］，Mellis［1588］，Peele［1553］，それにPeele［1569］の各簿記書では，仕訳帳記入に際して取引を借方側と貸方側に分類して記録することを支援するためのシンプルな「一般法則」を提示してきた。ここで掲げられた「一般法則」は，勘定の擬人化を背後に，取引のなかにみられる物の受け渡し関係と人と人の関係からその特徴を抽象化した，

---

[16] 中野はこの点について次のようにコメントしている。すなわち，「このような教師と生徒との対話からも，その当時の簿記法の教示が"how to"中心の解説であり，"why"の側面の解説を欠いていたことがうかがえる」（中野［1992］51頁）と。

擬人的受渡説にもとづく，ある種の簿記の論理である。パチョーリ簿記論が簿記実践のプロセスをたんに記述していたのに比べれば大きな教育上の，そして論理的説明における進歩であるといえるだろう。

しかしながら，この「仕訳の一般法則」は，起こりうる個別具体的な多様な取引に対して，そのまま適用するにはあまりに抽象的である。その意味で，より簿記教育上の配慮をするとすれば，もっと具体的な指針を与える方向へと展開していった。

(5)　ダフォーン第1の簿記書（1635年）

1635年にロンドンで出版されたダフォーン（Richard Dafforne）の The Merchants Mirrour : ……は，イギリス簿記書としてははじめて版を重ねたもので[17]，当時一般に広く受け入れられたことがうかがえる。

本書もこれまでみてきたマンツォーニの簿記書と同様に，簿記技法の解説をおこなう部分と，具体的な帳簿記帳の例示を示した部分の2部から構成されている[18]。前半の簿記技術の解説は，An Introduction to Merchants Accompts と称され，ピール第2の簿記書と同じように，教師（Philo-Mathy）と生徒（School-Partner）との対話形式で記述されている。そして，それはじつに250の項目に及ぶ長大なものである。

ダフォーン第1の簿記書の An Introduction to Merchants Acoomptes の教師と生徒の対話第62項目にある「仕訳法則（Rules of aide, very requisite in Trades continuance, to be learned without booke.）」の一部を示しておく。

17　Geijsbeek [1914] p.137, Bywater and Yamey [1982] p.96.
18　ダフォーン第1の簿記書については，たとえば小島 [1971]（とくに第10章）などを参照。

Rules of aide, very requisite in Trades continuance, to be learned without booke.

1. Whatsoever commeth unto us (whether Mony, or Wares) for Proper, Factorage, or Company account, the same is ………………… Debitor.	1. Whatsoever goeth from us (whether Mony, or Wares) for Proper, Factorage, or Company account, the same is …… Creditor.
2. Whosoever Promisethe, the Promiser is …………… Debitor.	2. Unto whom wee Promise, the Promised man is ………… Creditor.
3. Unto whom wee pay (whether with Mony, Wares, Exchanges, Assignations) being for his owne account : that man is ……………… Debitor.	3. Of whom wee receive (whether Mony, Wares, Exchanges, Assignations) being for his owne account : that man is …………… Creditor.
(中略)	
15. When wee lose by gratuities given, whether great, or small, or howsoever, then is Profit and Losse …………… Debitor.	15. When wee gaine by gratuities received, whether great, or small, or howsoever, then is Profit, and Losse … Creditor.

　このように，商人が取引をおこなうにあたって必然的に遭遇すると予想される，全部で15パターンの仕訳のモデルを示している。そしてそれは，タイトルが示すように，「手引きを見ることなしに習得すべき（to be learned without booke）」仕訳法則とされている。

　このように，ピールまでの簿記書で示されていたシンプルな仕訳の一般法則と異なって，個別・複数の仕訳パターンを示すという方法はネーデルラント地方の簿記書で採用されていたものである。ダフォーン自身がアムステルダムに滞在した商人であったことから，その影響を受けてイギリス簿記書のなかにその手法を移転したのであろう。

(6) ダフォーン第2の簿記書（1670年）

The Merchants Mirrour : ……に続いて，ダフォーンの第2の簿記書 *The Apprentices Time-Entertainer Accomptantly :* ……をとりあげよう[19]。本書の初版は1640年とされているが，テキストとして使用したのは1670年の第3版であり，序文を息子であるジョン（John Dafforne）が書いている。

本書は，貸借仕訳の学習と訓練に焦点をあてて書かれたものであり，第1の簿記書で示された取引の類型に応じた仕訳パターンの提示はいっそう進められ，その「法則」（The Rules of Aid）は，じつに30パターン（仕訳の類型としては42パターン）の仕訳モデルが示されるようになった。

ここでの「仕訳法則」はのべで42種類に及び，前著 *The Merchants Mirrour :* ……におけるものと比べて2倍以上に膨れ上がっており，7ページ分にわたって記述されている。

以下にその一部を示すが，これらはいくつかの取引類型からなっていることが明らかとなる。

まずは，開始取引である。すなわち，財産目録に記載のある財産および債務の諸項目を帳簿（元帳）に記帳するための仕訳である。No. 1から4までがこれに該当する「仕訳の法則」である。

---

19 ダフォーン第2の簿記書については，たとえば，小島［1974］などを参照。

> *Now follow the 60 Rules of Aid, depending upon the Premises.*

The Debitors *in the Rules of Aid.*	The Creditors *in the Rules of Aid.*
1. The mony tha we have at the taking of our Inventory is entred by the name of Cash·····················*Debitor.*	1. Stock················*Creditor.*
2. The Commodities that are remaining unsold in that Ware-house·················*Debitor.*	2. Stock················*Creditor.*
2. *The Commodities for-maerly shipt* unto another *Land*, or *Town*, to be sold for *Proper or Company* accompt ; whereof *all*, or *part* of them are *yet unsold.* *Voyage to Roan*, consigned to *Jean du Boys*··············*Debitor.*	2. Stock················*Creditor.*
2. The *Houses, Lands, Rents, Legacies, Ships-parts* ; each name severally···········*Debitor.*	2. Stock················*Creditor.*
3. People *of whom we ought to have* ; each name severally ·····························*Debitor.*	3. Stock ···············*Creditor.*
4. Stock·····················*Debitor.*	4. People unto whom we owe ; each name severaly–*Creditor.*

　次に示されているのが，日常的な商品売買取引についての「仕訳法則」である。No. 5から8までがこれに該当する。

> *Of Trafficks Continuance.*
>
> 5. When we Buy Wares for our own accompts, and book them instantly upon an accompt of Commodities in our Leager ; whether we pay present mony, or Nor, the entrance is all as one :
>   In-bought Wares............*Debitor.*
>
> 5. Cash, if we make present payment, is............................*Creditor.*
>
> 5. The Selling Man, if we make not present payment, is..*Creditor.*
>
> （以下省略）

そして，日常的な商品売買取引についての仕訳に関して，「法則」のNo. 9と10で「入ってきた物は借方・出て行った物は貸方」，「約束を受けた物（人）は借方・約束をした物（人）は貸方」と，若干の一般化をおこなっている。

> *These four last precedent parcels may be comprises more compendiously, as is instanced in the substance of this ninth Rule.*
>
> 9. Whatsoever *commeth unto us*, whether. *Money* or *Wares*, for *Proper, Factorage* or *Company* accompt,
>   *the same* is......................*Debitor.*
> 10. Whatsoever *promiseth* to us, the *promising man is*.........*Debitor*
>
> 9. Whatsoever *goeth from us*, whether *Money* or *Wares*, for *Proper, Facto-rage* or *Company* accompt,
>   *the same* is......................*Creditor.*
> 10. *Unto whom we promise*, the *promised man* is–*Creditor.*

これらに引き続き，現金授受（No.12-12）・譲渡（No.13）・利息の授受（No.14-16）・貿易取引（No.17-25）・返品（No.26）・損益取引（No.27-29）の諸取引に関する仕訳の「法則」を示している。最後（No.30）に示しているのは，帳簿の締め切りに際しての仕訳である。

> 30. When at the Ballancing of our Books we find mony resting in the House ;
> 　　　　　OR,
> Wares remaining unsold
> In our ╭Own hands,
> 　　　 ╰Factors hands ;
> 　　　OR THAT
> Partners, Factors, & others, have not given us ful cotent
> Such *unsold Wares* in our own hands,
> 　　　　　OR,
> Voyage for the *unsold Commodities*, in the hands of our Factors.
> *People* and *Cash* are in the OLD, and will be in the New Books……………………*Debitor*.
>
> 30. When at the Ballancing of our Books we find People, as
> ╭Factors,
> ╰Partners, or others.
> to whom we have not given full content ;
> 　Such *People* and *Stock*（if our Estate stands well）are in the OLD, and will be in the NEW Books……………*Creditor*.

　このように，ダフォーンの第2の簿記書においては，多岐にわたる「仕訳の法則」が示されている。しかし，ここでみたように，その内容は「法則」というより，むしろ仕訳の「例示」である。日常起こりうるであろう取引についてはもちろん，開始記入に際しての仕訳から，帳簿締切に際してのものに至るまで，こと細かな仕訳の類型が示されている。

　仕訳帳記入に焦点をあてる仕訳帳アプローチのこのような展開は，あらゆる取引に対して学習者を適合させようとする意図からすれば当然であるかもしれない。しかしながら，学習者は，膨大な「法則」を覚えなければならず教授法として合理的であるとはいえないものになっていくことになる。しかも，起こりうる取引の種類は際限がなく，必然的に「法則」の数も無限大となっていかざるをえない。

　ここに，複式簿記教授法としての仕訳帳アプローチの限界がある。

4 会計記録に関する論理の展開

(1) 元帳アプローチ

　複式簿記の学習が機械的な「暗記」によって支配されることを批判して登場したのが，元帳（勘定）への記入の法則化を企図する元帳アプローチである。その先駆的業績とされているのが，1731年のマルコム（Alexander Malcolm）の簿記書 *A Treatise of Bookkeeping,*……である[20]。マルコムは同書の序文で次のようにいう。すなわち，「まず最初に，わたしは簿記の基礎的な一般原理と規則について説明している。そして，勘定の性格と構造について，あらゆる段階においてその真の理論的根拠を示している。つまり，実践と適用は判断の行為であって，たんなる暗記の行為ではないのである」（Malcolm [1731] Preface, p.iv）と。

　マルコムの簿記書はスコットランドで出版されたものである。前章でとりあげた仕訳帳アプローチをとっている16世紀から17世紀にかけての簿記書の多くがイングランドで印刷・出版されたものであった。これに対して，18世紀に入ると隣国のスコットランドで相次いで簿記書が発行されるようになる。その背景には，商業教育が社会的システムとして確立していったという変化がある。17世紀まで会計記録を含む商業上の知識や技術は，いわゆる徒弟制のなかで身につけられることが普通であった。能力と野心のある若い商人や財力のある商家の子どもたちは，商業教育をおこなう先進的な制度が整った外国，たとえばネーデルラントへわたりそこの学校で教育を受けたという。他方，スコットランド国内の教育制度といえば，ラテン語やその他古典を学ぶグラマースクールしかなかったのだが，18世紀の中頃から，アカデミーと呼ばれる新しい教育組

20　マルコムは1718年に彼の簿記に関する最初の文献，*New Treatice of Arithmetick and Bookkeeping* を出版している。本章で参照した簿記書は，1718年の文献の簿記の部分を分離・改訂したものだという（小島 [1987] 335頁参照）。

織において，数学，科学，そして簿記といった実践的な科目の教育がおこなわれるようになったのである（北［1974］55-56頁，Mepham［1988a］p.163）。

　18世紀のスコットランドの簿記書は，このような新しい教育制度において，教育を実践する教育者によって著されるようになった。17世紀までのイングランドで著された簿記書の著者たちの多くが会計記録の実践経験者，すなわち商人であったのに対して，18世紀半ば以降のスコットランド簿記書は，教育に携わっていた教師たちによって著述されたものであった（中野［1992］59頁）。

　マルコムはエジンバラ大学で文学修士号を修めたとある（Bywater and Yamey［1982］p.157）が，同大学でその記録は確認できていないという（Mepham［1988a］p.153）。しかしいずれにしても，深い教養を有していた知識人であったことは確かである。数学と簿記を教える教師となり，1718年にはこの両方の分野に関する *A New Treatise of Arithmetick and Book-keeping* という本を出している。また，1721年には音楽理論を論じた *A Treatise of Musick* という著作を著しているし，1730年には *A New System of Arithmetikc, Theorical and Practical, Wherein the Science Numbers is Demonstrated* という数学書を出している。音楽理論にも通じているということも驚きだが，後者の数学書は，ド・モルガン（de Morgan）が後年において「最も広範でかつ学識豊かな本の1冊」であると評しているほどである。

　このような豊かな学術的指向性の持ち主によって，複式簿記の「元帳アプローチ」はその扉を開けることとなる。

　マルコムは，まずは勘定の「借方および貸方の概念」についての説明をおこなっている。つまり勘定の借方と貸方の記入についての論理的で一貫した説明のための基礎概念の提示である。具体的には，仕訳の法則からこれを導く。すなわち，勘定の左側を指す「借方」と右側を指す「貸方」が，本来的には，債権債務関係を表現したものであることから説き起こしているのであるが，これに一定の擬制的解釈を加えることで，債権債務関係だけでなく「事物」（Things）に対しても適用可能であるとしている。このように，すべての勘定に対して一貫した説明を与えようと努力することで，勘定の性格別分類・整理

が可能となり，ひいては簿記の全体的な構造を示しているのである[21]。

　元帳アプローチは，このように，その導入としては勘定記入の法則化から入っていくが，その企図するところはたんなる記入法則の発見・提示ではなく，簿記手続き全体に及ぶ論理的記述であることに注意しなければならない。

　マルコムの簿記書が現れた18世紀前半においては，いまだ簿記の教授法は仕訳帳アプローチが支配的であったため，彼の革新的なアプローチは難解であり，一般に受け入れられるには至らなかったようである[22]。

　元帳アプローチがより洗練されて登場するのは，19世紀に入ってからのことである。1818年にロンドンで出版されたクロンヘルム（F.W.Cronhelm）の簿記書 *Double Entry by Single,*……は[23]，まず複式簿記の定義からはじめている。すなわち，そこにおいて簿記とは「資本全体の価値と各構成部分の価値を常に明らかにするために，財産を記録する技法である」（Cronhelm［1818］p.1）と定義されている。クロンヘルムの簿記書において最も特徴的なのは，「均衡の原理」（Principle of Equilibrium）を前面に打ち出している点である。「資本勘定は資本全体を，現金・商品・人名の各勘定はその構成部分を記録する。したがって，完全な帳簿においては，資本勘定とその他の勘定とのあいだには必然かつ不可避的な恒常的均衡関係が存在するのである」（Cronhelm［1818］p.4）とする「均衡の原理」は，不思議なことに「これまで必ずしも簿記の基本原則として確立されていなかった。このことに気付かなかったために勘定の本質に関する曖昧さと混乱が生じてきたのである」（Cronhelm［1818］p.vi）。

　この「均衡の原理」に依拠しながら，クロンヘルムは簿記の要素を次のように認識する。すなわち，商品・現金・受取手形・売掛金などの「積極財産」と支払手形・買掛金などの「消極財産」という相反する2つの財産が現実におい

21　マルコムは勘定を，人名勘定（Personal Accounts），実在勘定（Real Accounts），それに仮想勘定（Imaginary Accounts）の3勘定群に分類している。
22　中野［1992］70頁を参照。
23　クロンヘルムの同簿記書についての先行研究としては，たとえば，久野［1979a］255-259頁，中野［1992］104-111頁などがある。

て存在し，資本はこれらの差額と常に等しくなる（7-1）と。

つまり，資本は積極財産と消極財産の関係から構成されるものであるということが明らかとなり[24]，この関係認識から，勘定記入に関する法則を打ち立て

【7-1】 2つの財産とその均衡関係

```
              ケースⅠ　積極財産
   積極部分：商    品 ………… £2,000
          現    金 …………   1,000
          受取手形 …………     500
          売 掛 金 …………   1,500  £5,000
   消極部分：支払手形 …………     800
          買 掛 金 …………   1,200   2,000
   資本，積極………………………………  £3,000
```
資本主はこの場合，£3,000の余剰すなわち彼の純資本でもって支払可能である。

```
              ケースⅡ　中立財産
   積極部分：商    品 ………… £2,000
          現    金 …………   1,000
          受取手形 …………     500
          売 掛 金 …………   1,500  £5,000
   消極部分：支払手形 …………   1,800
          買 掛 金 …………   3,200  £5,000
   資本，積極………………………………  £   0
```
資本主はこの場合支払可能であるが財産はない。

```
              ケースⅢ　消極財産
   消極部分：支払手形 ………… £2,000
          買 掛 金 …………   4,000  £6,000
   積極部分：商    品 ………… £2,000
          現    金 …………   1,000
          受取手形 …………     500
          売 掛 金 …………   1,500   5,000
   資本，消極………………………………  £1,000
```
資本主はこの場合，1,000ポンドの彼の欠損金額があるため支払不能である。

(Cronhelm [1818] pp.5-6)

ている。

　積極財産については，これの構成部分はすべて資本主（Proprietor）に対して同じ関係にある。たとえば，売掛金勘定は，資本主に対して借り手の関係にあるので「借方」とすれば，他の積極勘定も同様の関係にあることになるので，

【7-2】　2つの財産の均衡関係と勘定記入法則

```
                    ケースⅠ　積極財産
 積極部分，または借方項目         消極部分，または貸方項目
   商　　品……………… £2,000      支払手形……………… £800
   現　　金………………  1,000      買　掛　金……………  1,200
   受取手形………………    500      資本（資本主の資本） 3,000
   売　掛　金……………  1,500                          ─────
                      £5,000      均　衡─────── £5,000

                    ケースⅡ　中立財産
 積極部分，または借方項目         消極部分，または貸方項目
   商　　品……………… £2,000      支払手形……………… £1,800
   現　　金………………  1,000      買　掛　金……………  3,200
   受取手形………………    500      資本（資本主の資本）     0
   売　掛　金……………  1,500                          ─────
                      £5,000      均　衡─────── £5,000

                    ケースⅢ　消極財産
 積極部分，または借方項目         消極部分，または貸方項目
   商　　品……………… £2,000      支払手形……………… £2,000
   現　　金………………  1,000      買　掛　金……………  4,000
   受取手形………………    500
   売　掛　金……………  1,500
   資本（資本主の資本） 1,000                          ─────
                      £6,000      均　衡─────── £6,000
```

(Cronhelm [1818] p.7)

24　つまり，積極＞消極の場合，資本は積極（Positive）の状態にあり，積極＝消極の場合，資本は中立（Neutral）の状態で，積極＜消極の場合，資本は（Negative）となる，という関係である。

「積極部分は借方」，これらに相反する「消極部分は貸方」と必然的に決まることになる。また，資本については，資本主はすべての積極部分に対して貸し手，すべての消極部分に対して借り手となるので，積極部分の超過額に対しては「貸方」，反対に消極部分の超過額に対しては「借方」となり，すべての簿記の要素について，借方と貸方の一般的均衡関係が成立するようになる（**7-2**）。

借方・貸方のアレンジに関してのみ，わずかにその原義である債権債務関係の残香をみせてはいるが，クロンヘルムはさらに先進的な議論を進める。それは，積極部分・消極部分，それに資本という簿記の要素の関係を代数式（algebraic form）を用いて表現していることである[25]（Cronhelm［1818］pp.8-9）。〈積極部分－消極部分＝資本〉がそれである。これは，現在の資本等式にほかならない。

このように，クロンヘルムの簿記書は，擬人的受渡説からの完全な脱却をはかり「均衡の原理」から導かれる基本等式をもって，複式簿記についての一定の「理論的枠組み」を提供したものであると評価できるだろう。

しかしながら，簿記の教授法としての元帳アプローチが開花するのは，専門的な商業教育の必要性に呼応して商業専門学校やビジネス専門学校が出現した19世紀のアメリカ合衆国においてである。たとえば，1841年に出版された*Principles and Practice of Book-keeping*……を[26]著したジョーンズ（Thomas Jones）は，ニューヨーク・コマーシャル・アカデミーの校長であり，同簿記書は，当時の代表的な簿記書の1つであったという。

さて，ジョーンズも従前の簿記教授法，すなわち，仕訳帳アプローチを批判している。そして，簿記の理論について，「財務取引を記録し整理する最も簡潔でわかりやすい方法を教えることである」（Jones［1841］p.17）と言及している。また，複式簿記は「商人がおこなったことをすべてのあるいはいずれかの段階において，その成果についての明瞭で簡潔な報告書を提供できるようなや

---

25 この点については中野［1992］109-110頁，113-114頁に詳しい検討がなされている。
26 ジョーンズの同簿記書についての先行研究としては，たとえば，久野［1985］203-215頁，中野［1992］151-162頁などがある。

り方で一組のデータを解明し，処理することを可能にする」(Jones [1841] p.17) 技法であると規定している。すなわち，財務報告書を作成し提供することが簿記の目的であるとするのだが，そのためにはまず，これら報告書の基礎となる元帳を重視し，これを簿記の仕組みを考えるうえでの中心部分とみなしてその

【7-3】 ジョーンズ簿記書「2つの命題」

命題Ⅰ

われわれがいかなる特定の時点においても資産と負債を確定することができる場合，それらを比較することはその時点におけるわれわれの状態（the position of our affairs）を決定するだろう。たとえば，

資産・負債計算書（1840年12月31日）

手許現金	$ 15,000	支払手形	$ 3,000
受取手形	4,000	John Springからの債務	6,000
William Jamesへの債権	3,000		
総 資 産	$ 22,000	総 負 債	$ 9,000

$22,000から
9,000控除

したがってわれわれの現在の財産は……… $ 13,000

負債が資産を超過する場合は支払不能である。

命題Ⅱ

われわれが任意のある期間の期首におけるわれわれの状態と，その期間における利益と損失とを決定することができる場合，われわれは当該期間の期末時点でのわれわれの状態を決定することができる。たとえば，

1840年1月1日における正味の価値あるいは純資本は……………… $ 10,000
そして当該年度において稼得した利益………………………………… 3,000
われわれの資産と負債を参照することなく，このデータか
　ら得られる1841年1月1日時点でのわれわれの価値は……… $ 13,000
あるいはわれわれがもともと有していた純資本……………………… 18,000
そしてわれわれが当年度被った損失…………………………………… 5,000
1841年1月1日時点でのわれわれの価値は…………………………… $ 13,000

(Jones [1841] pp.21-22)

簿記論を展開していくのである。

　具体的には，ジョーンズは簿記に関して2つの命題（Propositions）を認識している。それらは，「命題Ⅰ　資産負債の有高状態の確定」と「命題Ⅱ　期間損益と2時点における資本有高状態の関係」である（**7-3**）。

　この2つの命題から，彼は2つの勘定系統を導出する。命題Ⅰに関連しては，現金・受取手形・支払手形・人名の諸勘定が含まれる「第1次勘定」（Primary Accounts）であり，これら以外の勘定は命題Ⅱに関連するものであって，すなわち，資本・損益・商品などの勘定が「第2次勘定」（Secondary Accounts）である。これら2つの勘定系統の認識によって構成される簿記の構造を前提に記録の二重性や貸借の均衡を説明していく（**7-4**）。そこにおいては，仕訳帳アプローチの残香，すなわち，勘定の擬人化や仕訳法則の提示は完全に姿を消し，きわめて斬新で創意と工夫に富む独創的な複式簿記の理論が提示されている[27]。

　このように，長いあいだ簿記の教授法として支配的であった仕訳帳アプロー

【7-4】　ジョーンズ簿記書における勘定記入法則の提示

第1次勘定系統の勘定記入	第2次勘定系統の勘定記入
借方　──　現　金　──　貸方 　　1　　　　　　　2 　収　入，　　　　支　出， あるいは増加　　あるいは減少	借方　──　資本金　──　貸方 　　　　　　　　　　　　資本金 借方　──　商　品　──　貸方 　　C　　　　　　　D 　支　払　　　　　返　品 借方　──　経　費　──　貸方 　　E　　　　　　　F 　支　払　　　　　戻　り 借方　──　損　益　──　貸方 　　G　　　　　　　H 　損　失　　　　　利　得 および支払　　　および戻り

(Jones [1841] pp.46-47)

27　中野［1992］162-163頁。

チ，とりわけ長大な仕訳法則を機械的に暗記するという非論理性を批判することで，元帳アプローチは展開していくことになった。とくに，19世紀のアメリカ合衆国における商業専門学校などの教育の局面において，より合理的な教育の工夫がはかられたのであろうが，それは同時に，簿記の手続きを一貫した論理で説明するための基本前提や基礎概念など，「理論的な枠組み」の構築の努力がみられることとなり，簿記理論の大きな進展となったのである。

(2) 貸借対照表アプローチ

　元帳アプローチに代わって登場するのが，貸借対照表を基礎とする貸借対照表アプローチである。その代表として，スプレイグ（Charles E. Sprague）の主著である *The Philosophy of Accounts* をとりあげる[28]。彼は「貸借対照表こそが会計学の基礎であり，すべての勘定の源であり帰着点である」（Sprague [1908] p.30）という。これ以前の元帳アプローチが勘定に着目し，その性格づけや分類をおこなって簿記構造を構築していたのに対し，貸借対照表アプローチは財務報告書である貸借対照表からはじめている。

　したがって，貸借対照表の構成要素（価値のクラス）である資産・負債・資本主持分の関係を，資産＝負債＋資本主持分という等式で表現している。そして，どのような取引も，この等式を構成する3つの要素の増減として帰結することを明らかにする（Sprague [1908] pp.22f）。

　また，勘定記入の法則については，資産が借方（左側）にあるとすれば，その増加は借方・減少は貸方となり，負債および資本主持分が貸方（右側）にあるとすれば，その増加は貸方・減少は借方になるといったように（Sprague [1908] p.24），資産・負債・資本主持分の増減の組み合わせによって示すという，いわゆる取引要素説を展開している。

---

[28] スプレイグの同簿記書についての先行研究としては，たとえば，久野［1979a］379-387頁，久野［1985］270-277頁，中野［1992］274-283頁などがある。

【7-5】貸借対照表要素の組み合わせによる貸借記入法則

借　方	貸　方
左側への記入	右側への記入
資産の増加	資産の減少
負債の減少	負債の増加
資本主持分の減少	資本主持分の増加

(Sprague [1908] p.24)

　貸借対照表をもって複式簿記の説明をはじめる貸借対照表アプローチは，簿記の手続きそれ自体を重視するのではなくその目的を強調していることから，より高い水準の教授法ということができるだろう。というのも，スプレイグの簿記書は大学レベルでの教育を念頭に置いたものであり，簿記の科学的基礎を提示することに本書の目的を置いている[29]ことからも明らかである。

　また，貸借対照表アプローチはその後広く一般に受け入れられるようになっていく。こんにちにおいても，多くの簿記の教科書においては，このアプローチがとられている。

(3)　コストアプローチの構想

　会計史研究者でもあるリトルトンは，上述したように，複式簿記の教科書において採用されてきたアプローチを仕訳帳アプローチ，元帳アプローチ，そして貸借対照表アプローチの3段階に整理したうえで，これらとはまったく異なる観点から，新たなる簿記の教授法の必要性を提起する。

　彼の問題意識は，簿記が対象とする経済環境の変化に呼応した教授法が開発されていないということにある。つまり，それまでの簿記の教授法は，いずれもが，商取引（mercantile business）のみを対象としたものであったのに対し，20世紀において簿記が対象とすべきものは商取引のみにとどまらず製造プロセ

---

[29]　中野 [1992] 274頁。

スにも及んでいるということにある。「簡単にいうなら，何が簿記であるのか，ということである。初期のビジネスの基本的な特徴が『交換』(exchange) であったとするなら，こんにちのビジネスの基本的な特徴は『転化』(conversion) とするのが適切であるだろう。

したがって，初期の簿記が主として交換を記録するものであったのに対して，こんにちの簿記はビジネスにおいて最初に投下された財産とそれが最終的に企業の外に別の何らかの形で出ていくまでの跡づけをおこなうことが求められているものである」(Littleton [1931] p.34) と表現している。

ところで，コストアプローチの内容であるが，ここではごく簡潔にその概要を示すことにしよう (Littleton [1931] pp.34-36)。まず，簿記の目的として，前述のように，企業内に投下された資本に生じる「転化」，すなわち，それが投入されてから別の形となって企業から出ていくまでのプロセスを跡づけるために記録をおこなうことであるとしている。そして実際の簿記の教授の仕方であるが，まずは，通常，学習者にとってわかりにくいとされる簿記特有の記録の仕方についての説明をおこなっている。

第1に記録の意味についてであるが，それが「分類目的」のためであることを理解させることからはじめる。たとえば，労務費や原材料費など工場で生じる費用は「一時的な資本の減少」というよりはむしろ製造によって生じる「支出」であり，負債と資本はともに「資本の源泉」で，そして資産は「資本の具体的形態」というように，簿記の要素はすべて同質のデータにもとづくものであることを示すことで，工場管理者がこのように分類された情報を欲していることを理解させる。このように説明することで，簿記がまずデータ分類をすることからはじめるものであることを理解させるのである。第2に，勘定形式について，それに2つの対照的な属性が存在することの意味と，二重記録の意味について理解させる。第3に，「借方」と「貸方」という勘定の左側と右側のそれぞれにつけられている呼称についての説明をおこなう。

ここまでで，簿記の目的と基礎概念についての理解を終えて，全体的な，取引の分析から勘定記入に至るプロセスの説明に入っていくのだが，コストアプ

ローチの最も特徴的な点はここにある。それは一見すると工業簿記の手続きについてのインストラクションのようではあるが，その説明には一貫した論理とその背後にある「新しい簿記」が明瞭に浮かび上がってくる。繰り返しになるが，それは，簿記の対象を商品売買取引や，ましてや債権債務取引のような外部との交換ではなく，「資本の転化」，すなわち，コストのフローとなってあらわれているものとすることである。もちろん，これには組織と外部との取引，たとえば，原材料や労働の購買や製品の販売も包含されるし，間接費の配賦などの内部振替も包含して，一貫した説明が可能となる。つまり，コストアプローチは簿記の記帳原理，すなわち複式簿記の論理を革新する可能性を内在するものであると考えるのである。

しかしながら，コストアプローチは一般的な簿記教授法とはならなかった。依然として，貸借対照表アプローチが支配的な簿記教授法であり続けたのである。そして現在もなお，このアプローチに代替するものは現れていない。簿記の教授法が貸借対照表アプローチでその進化を止めたことは，すなわち，一般に受容される簿記の論理もそこでとどまっているということを意味すると考えることもできる。

5　むすび

以上，まずは，これまでの複式簿記の教科書において採られてきた教授上のアプローチ3つ，すなわち，仕訳の一般法則化に力点を置く仕訳帳アプローチ，勘定記入の法則化を通して簿記全体の計算構造を明らかにする元帳アプローチ，そして貸借対照表を起点かつ終点として簿記の構造を説明する貸借対照表アプローチ，それぞれの特徴を明らかにしてきた。これらは，たんに簿記の導入教育の局面で開発・工夫された方法であるだけでなく，その背後には一貫した論理の構築の努力が含まれている。

仕訳帳アプローチでは「受け取った物（人）は借方に」という仕訳の一般法

則のなかに非常に簡潔ではあるが，そこには確かに簿記手続きを，一部の局面ではあるが，合理的に説明しようとする意図がみてとれる。その後，この一般法則は，実践適用の便宜性のために多数の個別具体的な「仕訳例示」へと展開していき，学習者にとってこの多様な「法則」を機械的に暗記することのみが唯一有効な習得法となったため，その非論理性を批判されるようになった。

仕訳帳アプローチに代替したのが元帳（すなわち勘定）記入の法則化を企図する元帳アプローチである。この教授法は，まず，簿記の目的ないし機能を明らかにし，その目的にしたがって勘定を性質別に分類し，その結果カテゴライズされる勘定系統に対して一定の記入法則を提示する方法である。ここで特筆すべきは，一貫した勘定の体系化，すなわち，簿記の論理的記述がはかられたことである。この教授法は19世紀の中葉のアメリカ合衆国の商業専門学校等で広範に使用された簿記教科書において本格的な展開をみるようになった。

元帳アプローチの登場によって，複式簿記の体系的な説明努力がはじまったが，これをいっそう進展させたのが貸借対照表アプローチである。具体的には，貸借対照表を簿記プロセスの起点かつ終点とみて，その構造を貸借対照表等式や資本等式のような基本等式に抽象化して表現し，すべての取引の結果が基本等式を構成する資産・負債・資本（主持分）のいずれかの増加または減少となって現れることから，このアプローチにおいては仕訳や勘定記入に及ぶすべての簿記のプロセスを一貫したルールでもって説明することが可能となる。貸借対照表と基本等式をもってはじまるこの教授法は，現在の簿記テキストにおいてもいまなお広く採用されている方法である。

このような簿記教授法の歴史的な発展は，たんに教育技法の展開だけではなく，それは同時に，複式簿記を合理的に説明しようとする「論理」の発展過程であることにも注意しなければならない。

また，新しい経済状況に対応するようにとリトルトンが構想した，コストアプローチであるが，一般的な簿記の教授法とはならなかった。その内容は時代に適合的であると思われると同時に，また，簿記理論を革新する可能性を内在していたにもかかわらず，である。

第8章

教育制度の充実と会計記録に関する論理の深化

1 はじめに

19世紀は，会計の歴史の上で重要な時代であるという（Littleton [1953] p.4）。ここで特筆すべきは，この時代のアメリカ合衆国で会計理論（accounting theory）ないし会計学（accountancy）が形成されはじめたことである（Littleton [1933] p.165）。19世紀末から20世紀初頭にかけて，勘定学説（Kontentheorie）と称される，複式簿記を科学的に，あるいは論理的に一貫して説明しようとする研究がヨーロッパ，とくにスイスやドイツを中心に華々しく展開されたのは周知のことであろう。これに対して，アメリカにおいては，ヨーロッパ諸国におけるような複式簿記の構造についての論理的研究の展開はみられないが，これらに類する議論がなかったわけではない。前章でみたジョーンズ（Thomas Jones）の *Principles and Practice of Book-keeping,……*（Jones [1841]）などは，アメリカにおける複式簿記理論の先駆的な業績であると評価できる（Hain [1980]，久野 [1985]，中野 [1992]）。また，20世紀に入ってからは，スプレイグ（Charles E. Sprague）の *Philosophy of Accounts*（Sprague [1908]）が複式簿記に科学的な説明を与えようと企図した代表的業績として一般にあげられている（久野 [1979a]，Hain [1980]，久野 [1985]，中野 [1992]）。

本章では，19世紀末に公刊されたフォルサム（Ezekiel Gilman Folsom）の *Logic of Accounts*（Folsom [1873]）をとりあげて検討したい。

本書はスプレイグの簿記書とともに「前古典派時代の先駆的著作」(Previts and Merino [1979] p.111) であると評価されているにもかかわらず，その内容についてはこれまで検討されることが比較的少なかった文献である[1]。

　フォルサムの簿記書の特徴の1つは，それがそれまでの多くの簿記書とは異なる意図をもって執筆されていることである。Littleton [1933] は，それまでアメリカで出版された多くの簿記書について次のような評価をしている。すなわち，「初期の時代の著書における複式簿記の説明には，徹頭徹尾理論的論述がなかった。そこにみられるものは，終始記帳手続きの冗長な叙述であり，それは簿記の日課の口頭描写にすぎなかった」(Littleton [1933] p.365) と。すなわち，当時の簿記技術の習得に関する教授法は，簿記手続きを模倣し機械的に暗唱して覚え込むといった方法に依存していたのである。ある会計の実務雑誌には，簿記手続きの暗記を支援するために，韻文で表現した「簿記の詩」(Poetry of Bookkeeping) が掲載されていたほどである (Previts and Merino [1979] pp.76-77)。簿記知識と技術の教育・伝達に関するこういった状況にあって，フォルサムが複式簿記を科学的・論理的に説明する必要性を感じていたことは，彼自身が簿記教育に携わっていたことを考えるなら当然のことといえるだろう。

　フォルサムは以下のように記述している。「こんにちまで，勘定記録のプロセスを明瞭に記述することに関して多くの試みがなされてきている。しかしながら，それがたとえ正しい方向性のものであったとしても，この課題を一般化することは，われわれのみるところ，最終的に発見されるべき結末である至高の原理に十分に達しているとはいえない」(Folsom [1873] p.xv) と。そこでフォルサムは，複式簿記を厳密な科学 (exact science) としてその仕組みを構成し提示することに努力する。複式簿記の手続きをたんに記述するのではなく，その技術 (art) の背後にあるはずの理論的基礎 (rationale) を見出そうとする

1　フォルサムの簿記書を取り上げた先行研究として，Littleton [1933] [1955]，山口 [1962]，久野（秀）[1979a]，久野（光）[1985]，中野 [1992] などがある。

のである。そして「すべての科学はその独自の領域における現象を説明するような唯一の原理を探求することである」(Folsom [1873] p.xv) とし，複式簿記の科学において，この原理に到達するために，フォルサムは「価値」の概念を導入して理論を展開する。

2　商業教育の充実と会計知識の普及

　ここではフォルサムの簿記論が登場するようになる背景について考察する。フォルサム簿記論は，前章で論じた複式簿記の簿記教授法であり，かつ，簿記理論の類型でいうなら，「元帳アプローチ」に分類されるものである。元帳アプローチが複式簿記の体系を一貫した論理で説明可能にしようと努力することは，結果的に，どのような「勘定分類」を提示するかという理論の構築の仕方となって帰結する。論理一貫性を求める姿勢は，学ぶ側ではなく，教える側にとっての関心事である。マルコムやジョーンズの簿記書が教育機関での教科書として生み出されたように，元帳アプローチはもっぱら教える側の視点から構築されたものである。

　以下では，19世紀の中葉以降のアメリカにおける新しい教育機関の確立と簿記理論の関連性に，その関心を向けていこう。

　19世紀中葉まで，アメリカにおいても，簿記技術の習得は，学校教育のなかではなく，実務に役立つような訓練はもっぱら実践のなかでしか実行できないものであるとなかば信じられていたという (Jones [1841] p.iv)。実際のところ，その当時の会計教育を実質的に担っていたのは都市の大商人の会計事務所 (counting-house) であった。「商人の事務所での実際の仕事を通じての徒弟奉公的訓練 (apprenticeship) に基づく体験的学習こそが，当時の簿記ないし会計教育の中心になっていた」(中野 [1992] 133頁) のである。しかし，経済成長著しい時期にあって，取引量の増大とともに会計記録の必要性も増加する環境の中で，簿記の知識と技術はその社会的必要性をいっそう増すことになった。

そこで，登場したのが商業専門学校（commercial college）あるいはビジネス専門学校（business college）と呼ばれる新しい教育機関である。これら新しい教育機関はアメリカの商業教育成立史において最も画期的なことだと評されている（三好［1985］372頁）。

商業専門学校あるいはビジネス専門学校は，社会のニーズに応えて急成長を遂げた。「何人かの野心的な経営者・教育者（owner-teacher）はアメリカ全土にわたるビジネス専門学校チェーンを設けるまでになった」（Douglas［1963］p.8）という。先述したように，この当時最大のチェーン校となったのがブライアント・ストラットン・スクールであった。

たとえば，アメリカ教育省（United States Bureau of Education）の調査にもとづく資料[2]によれば，1879年当時において，170校以上[3]の商業専門学校あるいはビジネス専門学校が存在している。学校が存在している州別にみると，ニューヨーク17校，オハイオ13校，ペンシルベニア12校，イリノイ12校，アイオワ11校，ミシガン10校という具合になっている。商工業が発展しはじめた北東部に多くが設置されたことがわかる。また設立時期でみると，南北戦争終結の1865年以前に創立されたのが51校であるのに対して，以降に創立された学校は74校である[4]。この資料が示す最も古い学校は1829年設置のセントルイス大学の商業学科であるので，南北戦争終結までの36年間で51校の学校が設置され

---

[2] *The American Journal of Education*, No.25, pp.376-387.
[3] この調査によって明確な情報が得られた学校は144校であるが，情報入手ができていない27校の存在も明記されている。なお，この資料の2年前，すなわち1877年時点での同様の調査（*The American Journal of Education, International Series*, No.4, pp.366-375）によると，情報が入手できた学校数は134校となっている。つまり単純な計算によれば2年間で10校の学校が増設されたことになる。いずれの年度においても，調査項目として，学校名・設置場所・創立時期・校長名・教員数（男女別）・生徒数（昼間部・夜間部，およびそれぞれの男女別）・生徒の平均年齢・指導教科・蔵書数・修業年限（月数）・平均授業料などの情報が掲載されている。ちなみに，1877年時点では，フォルサム・アルバニー・ビジネス専門学校（Folsom's Albany Business College, 1852年設立）が掲載されており，校長としてE・G・フォルサムの名前があるが，1879年調査には見あたらない。
[4] 創立時期の情報が明らかなのは125校である。

たことになる。それに対してこの調査は1879年のものなので，戦後わずか14年の間に74校の商業専門学校が急増したことが明らかとなる。学校の規模は大小さまざまであるが，生徒数300人を超える学校が20あまり存在している。

　これら商業専門学校あるいはビジネス専門学校で設置された科目を，開講率の高い順番で紹介すると，簿記・ペン習字・商業通信・商法・銀行論・経済学・高等数学，となっている。簿記はほとんどの学校において開講されており，144校のうちこの科目をもっていない学校はわずかに6校のみであった。つまり，簿記教育は最も重要とされたものであった。

　教育の重要性は，教育の質的充実に反映する。当時の最大規模のチェーン校の1つであったブライアント・ストラットン・スクールでの使用を目的として作成された教科書として，「Bryant＝Stratton＝Packard[5]の簿記3部作」と呼ばれるものがある。それらをあげると以下のとおりである。

① *Bryant and Stratton's Common School Book-keeping ; Embracing Single and Double Entry.* ……, New York, 1861.
② *Bryant and Stratton's National Book-keeping : An Analytical and Progressive Treatise on the Science of Accounts,* ……, New York, 1860.
③ *Bryant and Stratton's Counting House Book-keeping : Containing a Complete Expositions of the Science of Accounts, and Its Application to the Various Departments of Business ;* ……, New York, 1863.

　これら3冊は，順に，①初級，②中級，③上級とグレード別にその内容が分けられており，簿記教育内容についての合理的なカリキュラムが工夫されていたことがうかがえる。また，わが国の簿記会計史研究においてはよく知られていることではあるが，この3部作のうち，最も初級の簿記知識を論述した

5　ブライアントとストラットンとともに名前があがっているパッカード（Silas S. Packard）こそが，いわゆる3部作の実質的な執筆者であったとされている（中野［1992］230頁）。

Common School Book-keeping こそが，慶應義塾の福澤諭吉によって翻訳された，わが国最初の西洋式複式簿記に関する文献の1つ，『帳合之法』（初編2冊「略式帳合」：1873年・2編2冊「本式帳合」：1874年）である。

　また，商業専門学校またはビジネス専門学校での簿記教育の隆盛は，教科書類の発行数にも如実に表れている。Bentley and Leonard［1934/35］によれば，1791年から1850年までの60年間に著された簿記会計の教科書類の数が68点であったのに対して，1851年から1900年までの50年間では324点へと急増している。しかも，1881-90年の10年間では106点，1891-1900年の10年間では113点と著しくその数を伸ばしていることがわかる（Bentley and Leonard［1934/35］p.6.）。

　このように，19世紀後半のアメリカでの新しい簿記理論は，新しい教育機関を母体として生まれ出ることとなる。

　ところで，この新しい商業教育機関，すなわち商業専門学校またはビジネス専門学校がわが国にもたらした影響は，「ブライアント＝ストラットン＝パッカード」の簿記教科書とのつながりだけにとどまらない。明治初期における日本の近代化の基盤として，商業教育制度の確立が認識されていた。その象徴として東京商法講習所（1873年開設）をとりあげると，そこでの教育プログラムを企画立案したのは「お雇い外国人」のホイットニー（William C. Whitney）である。ホイットニーは，日本に招聘される前は，ニューアークでブライアント・ストラットンの名を冠したチェーン校の経営者であった（西川［1971］第7話）。つまり，日本の近代化に貢献したわが国明治期にはじまる商業教育制度は，この当時のアメリカの商業専門学校を範としたことが容易に想像できる。

　ホイットニーは来日の際に2冊の簿記書を持参したという（Previts and Merino［1979］p.106）。1冊はパッカードの *Manual of Theoretical Training in the Science of Accounts*, New York, 1868. であり，もう1冊は，本章で検討していくこととなる，フォルサムの *Logic of Accounts* である[6]。

　フォルサムについては，あまり知られていない。彼の経歴についてわかっていることの1つは，1851年5月9日にオハイオ州クリーブランドで商業専門学校を開いたということである。この学校の学生のなかには，のちに福澤諭吉が

第8章　教育制度の充実と会計記録に関する論理の深化　　*153*

わが国で最初に西洋式簿記を翻訳し紹介することとなる『帳合之法』の原著者であるブライアント（Henry Beadman Bryant）とストラットン（Henry Dwight Stratton），それに後年に石油王となるロックフェラー（J. D. Rockefeller）などが含まれていた（Previts and Merino [1979] p.66）。ブライアントとストラットンの２人は，のちに，フォルサムの商業専門学校を買収し，50校以上からなる連鎖校に発展させた（Previts and Merino [1979] p.111）。フォルサムは1875年にニューヨークで別の商業専門学校の経営に携わることになる。*Logic of Accounts* はその２年前に公刊されている。

3　フォルサム簿記理論の基礎概念

(1)　価値の分類

　フォルサムによると，「複式簿記は等価の価値の受け取りと引き渡し（co-equal receipt and disbursement of values）を記録すること，それらを交換することでもたらされる２重の結果（two-fold result of their exchange）を表示することからなっている」（Folsom [1873] p.318）という。すなわち，①等価交換される価値を記録すること，②等価交換された価値の成果を２重に表示すること，この２つが複式簿記にとっての本質的な要素なのである。両者に共通する特性は「価値」である。したがって，フォルサムは「価値」の概念を基礎にして，その複式簿記理論を展開しているということができる[7]。じじつ，フォルサムは次のように記述している。「複式簿記を厳密な科学へと昇華させるために，

---

[6] フォルサムの簿記書は，後の章で述べるように，むしろ日本において大きな影響をもたらしたと思われる。Previts and Merino [1979] がいうように「日本の会計革命」というほど大きな影響であったかどうかは別としても，慶應義塾で学び，のちに簿記教師となる森島修太郎によって『簿記學例題』（森島 [1878]）としてその内容が紹介され，同書はロング・セラーになったといわれている（西川 [1971] 第８話）。

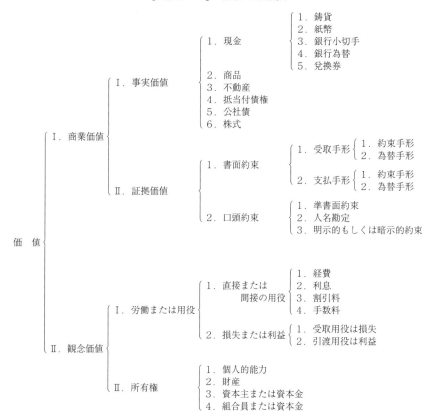

【図表8-1】 価値の分類表

われわれは，包括的かつ普遍的な術語である『価値』から出発するのである」(Folsom [1873] p.2) と。

そこでは「価値」について次のように記述している。「経済学において，『価値』は，一般に，交換価値 (value in exchange) か交換可能価値 (value in

---

7 フォルサムは，その著作の中で，ジョン・スチュワート・ミルやH・C・ケイリーへの言及があることなどから，当時の経済学をよりどころの1つとして複式簿記の理論的説明をおこなおうとしたと想像できる。この点に関して，代数学を基礎として複式簿記理論を展開したスプレイグとは対照的である。

exchangeable）を意味している。この場合の『価値』とは，特に物財（material thing）に関連するものである。しかし，複式簿記においては，このように認識される交換価値だけでなく，利用（use）や用役（service）に関連する『価値』も勘定記録の対象となる」（Folsom［1873］p.2）と。すなわち，フォルサムは，複式簿記において固有の「価値の概念」を措定しているのである。

その結果，フォルサムは，8-1に掲げる価値の分類表に表現されるような価値を提示している（Folsom［1873］p.1）。

この分類表から明らかなように，フォルサムは「価値」を「商業価値（commercial value）」と「観念価値（ideal value）」の２つのクラスに大別する。これら２つについて，「商業とはわれわれの外部に存在するすべての価値についての集合的かつ代表的な術語であり，これに対して，観念とはわれわれの内部に存在するすべての価値についての集合的かつ表象的な術語である」（Folsom［1873］p.3）と定義している。すなわち，商業価値とは，実在する物財における価値であり，観念価値とは，いわゆる用役における価値のことである。さらに，これら２つの価値は，さまざまな種類の価値に細かく分類されている。

商業価値は，経済学でいうところの交換価値であり，「事実価値（actual value）」と「証拠価値（evidential value）」とに分けられ，それぞれ以下のように要約される（Folsom［1873］pp.7-9）。

Ⅰ **事実価値**……これは商法（law merchant）でいう所有権を有する有形の物財や動産（thing or chose in possession）のことであり，さらに厳密に定義すると，当該物財に本来備わっている価値（intrinsic value）のことである。事実価値には，1.現金，2.商品，3.不動産，4.抵当権付きの債権（貸付金），5.公社債，6.株式が含まれる。

Ⅱ **証拠価値**……これは商法でいうところの無形財産（thing or chose in action）のことであり，約束（promise）にもとづくものである。それは有形財産における価値ではないが，有形財産に関連した約束における価値であり，最終的には有形財産に転化するものである。なお，証拠価値には，

受取手形と支払手形を意味する，1. 書面での約束（written promise）と，人名勘定に代表される，2. 口頭での約束（verbal promise）が含まれている。

　これに対して，観念価値は，商業価値のように貯蔵することができず，したがって，1回の交換で消滅してしまうものである（Folsom［1873］p.9）。観念価値は現在の用役である「労働または用役（labor or service）」と，過去の用役である「所有権（ownership）」とに区分され，それぞれの内容は以下のように要約される（Folsom［1873］pp.11-14）。

Ⅰ　**労働または用役**……労働または用役はさらに2つの種類に区分される。その1つは，現金を支払いその対価として受け取った労働，医療，弁護，教育，歓楽ないし満足といったようなサービスと，これとは反対に，現金を受け取る対価として引き渡した労働，医療，弁護，教育，歓楽ないし満足といったようなサービスである。このようなサービスを「直接的な用役（direct service）」という。すなわち，労働に直接的にもとづいたサービスのことである。もう1つのものは，現金を支払う対価として貨幣，事務所，店舗，土地あるいはその他の形態をとる資本を利用することに対するサービスと，これと反対に現金を受け取る対価として引き渡した貨幣，事務所，店舗，土地その他の形態の経済財の利用に対する用役である。このように，資本の利用を通じて授受される用役を「間接的な用役（indirect service）」という。すなわち，何らかの資本を利用することによって受け取られたか，または引き渡された用役のことである。直接的な用役には，1. 経費，2. 手数料などがある。また，間接的な用役には，1. 利息，2. 割引料などがある。このような用役を受け取った場合は「財務上の損失」となり，引き渡した場合には「財務上の利益」を意味することとなる。

Ⅱ　**所有権**……フォルサムは，この価値に，1. 個人的能力，2. 財産，3. 資本主持分または資本金，4. 組合員持分または出資金，という4つの源泉を認識しているが，最も意義深いのは「資本主持分または資本金」である。こ

こに，所有権が「過去の用役」である理由が明らかとなる。というのは，資本主からの原初の元入れは，彼自身の過去における用役を表現したものであるからである。すなわち，用役は，それが直接的なものであるなら個人的な労働に，間接的なものであるなら何らかの財産に起因するものであるので，その結果，すべての用役は，資本主持分または資本金に帰属するものといえる。したがって，資本主持分または資本金は，資本主の過去の用役が蓄積されたものであると理解される。

このように分類された価値が「交換」されることで取引が成り立つというのである。さらに，フォルサムは，どのような価値の交換が存在するか，その具体的な内容について考察している。

(2) 価値の交換

次にフォルサムは，価値の交換（exchange of value）について論述する。取引とは価値が交換されることであり，したがって，商業はこの価値の交換によって構成されるというのである。

価値の交換を支配する法則は，①「等価性（co-equality）」と②「価値と価値（value for value）」の2つからなる。これら2つの法則は「天文学における力の交換を支配する法則と同じように絶対的なもの」（Folsom［1873］p.16）であるという。まず，「等価性」であるが，これは文字どおり，価値の等しいものどうしが交換されることを意味する。さらに「価値と価値」とは，ある価値と別の価値のあいだで交換がなされることを意味する。このような価値の交換の法則は，フォルサムによると，「複式簿記システムを予示するもの」であり，その本質的特徴を支える要素の1つであるという（Folsom［1873］p.17）。したがって，等価の価値の交換に関する法則は，「すべての企業取引において等価の受け取りと引き渡しとがある」（Folsom［1873］p.17）と表現されることになる。

さらに，フォルサムは価値の交換のパターンについて考察している。受け取りと引き渡しは，それぞれ，①商業価値，②観念価値，③商業価値と観念価値の両方という，3つの形態がある。したがって，3つの受け取りの形態と3つの引き渡しの形態が組み合わさるので，その結果，9種の交換のパターンが導かれる。これらは以下のとおりである（Folsom［1873］p.19）。

Ⅰ―1　商業価値の受け取り＝商業価値の引き渡し
Ⅰ―2　商業価値の受け取り＝観念価値の引き渡し
Ⅰ―3　商業価値の受け取り＝商業価値と観念価値の引き渡し

Ⅱ―1　観念価値の受け取り＝商業価値の引き渡し
Ⅱ―2　観念価値の受け取り＝観念価値の引き渡し
Ⅱ―3　観念価値の受け取り＝商業価値と観念価値の引き渡し

Ⅲ―1　商業価値と観念価値の受け取り＝商業価値の引き渡し
Ⅲ―2　商業価値と観念価値の受け取り＝観念価値の引き渡し
Ⅲ―3　商業価値と観念価値の受け取り＝商業価値と観念価値の引き渡し

そして，これら9つの等式の具体的な内容は，次のような例示でもって説明されている（Folsom［1873］pp.21-28）。

Ⅰ―1　商業価値の受け取り＝商業価値の引き渡し
(1)　機械を購入し代金を現金で支払う。
　　この場合，交換は事実商業価値と事実商業価値との間でおこなわれる。
(2)　受取手形または支払手形を現金または他の事実商業価値で決済する。
　　この場合，交換は事実商業価値と書面約束による証拠商業価値のあいだでおこなわれる。
(3)　人名勘定を現金または他の事実商業価値で決済する。
　　この場合，交換は事実商業価値と口頭約束による証拠商業価値のあいだ

でおこなわれる。
(4) 人名勘定を支払手形または受取手形で決済する。
　この場合，交換は口頭約束による証拠商業価値と書面約束による証拠商業価値のあいだでおこなわれる。
(5) 手形を交換する。
　この場合，交換は書面約束による証拠商業価値と書面約束による証拠商業価値のあいだでおこなわれる。
(6) 人名勘定を同一の人名勘定で決済する。
　この場合，交換は口頭約束による証拠商業価値と口頭約束による証拠商業価値のあいだでおこなわれる。

Ⅰ—2　商業価値の受け取り＝観念価値の引き渡し
(1) 現金を受け取って娯楽，助言，教育などを引き渡す。
　この場合，交換は現金やその他の商業価値と直接の用役のあいだでおこなわれる。
(2) 現金を受け取って利息，割引料，家賃を引き渡す。
　この場合，交換は現金やその他の商業価値と間接の用役のあいだでおこなわれる。

Ⅰ—3　商業価値の受け取り＝商業価値と観念価値の引き渡し
　この交換において，受け取った商業価値は，引き渡した商業価値よりも大きい。したがって，交換の等価性が維持されるためには観念価値の引き渡しが必要となる。
(1) 商品やその他の財を購入価格より高い価格で販売する。
　この場合，引き渡した観念価値は，商品を販売したときに費やした労働または用役である。
(2) 当方の書面約束または口頭約束の金額を割り引いて決済する。
　この場合，引き渡した観念価値は，本来の決済日以前に当方の資本を先

方が利用することに対して与えることになる間接の用役である。
(3) 先方の書面約束または口頭約束の金額に利息を付して決済する。
この場合，引き渡した観念価値は，当方の資本を先方が利用することに対して与えることになる用役である。

Ⅱ―1　観念価値の受け取り＝商業価値の引き渡し
(1) 娯楽，助言，教育などを受け取って現金などを引き渡す。
この場合，交換は直接の用役と商業価値のあいだでおこなわれる。
(2) 利息，割引料，家賃を受け取って現金などを引き渡す。
この場合，交換は間接の用役と商業価値のあいだでおこなわれる。

Ⅱ―2　観念価値の受け取り＝観念価値の引き渡し
このような交換は，財務上の意味が乏しく，わずかに2, 3の例があるにすぎない。
(1) 2人の農夫が労働を交換することによって，それぞれの労働を相殺する。
(2) 2人の学者が相互に専門を教えあう。
(3) 2つの企業がそれぞれ相手方の同額の債権を取り立ててその手数料を交換する。

Ⅱ―3　観念価値の受け取り＝商業価値と観念価値の引き渡し
この交換において，受け取った観念価値は引き渡した観念価値よりも大きい。したがって，交換の等価性が維持されるためには，商業価値の引き渡しが必要となる。この種の取引はめったに生じず，起こったとしても以下のような状況の下でのことである。
(1) 教育や娯楽のような直接の用役を引き渡したよりも，多くの直接の用役を受け取り，その差額を現金などで支払う。
(2) 利息や家賃のような間接の用役を引き渡したよりも，多くの間接の用役を受け取り，その差額を現金などで支払う。

(3) 教育や娯楽のような直接の用役を引き渡したよりも，多くの利息や家賃のような間接の用役を受け取り，その差額を現金などで支払う。
(4) 利息や家賃のような間接の用役を引き渡したよりも，多くの教育や娯楽のような直接の用役を受け取り，その差額を現金などで支払う。

Ⅲ―1　商業価値と観念価値の受け取り＝商業価値の引き渡し
　この交換において，受け取った商業価値は引き渡した商業価値よりも小さい。したがって，交換の等価性が維持されるためには，観念価値が必要となる。
(1) 商品やその他の物財を購入して，その代価だけでなく運賃に対しても現金やその他の商業価値を支払う。
(2) 商品やその他の物財を購入価格より低い価格で販売する。
(3) 先方の書面約束または口頭約束の金額を割り引いて決済する。
(4) 当方の書面約束または口頭約束の金額に利息を付して決済する。

Ⅲ―2　商業価値と観念価値の受け取り＝観念価値の引き渡し
　この交換において，受け取った観念価値は引き渡した観念価値よりも小さい。したがって，交換の等価性が維持されるためには，商業価値が必要となる。しかしながら，この類型の交換はめったに生じることはない。
(1) 娯楽や教育などの直接の用役を引き渡したよりも，金額的には小さい直接の用役を受け取り，その差額を現金などで受け取る。
(2) 利息や賃貸料などの間接の用役を引き渡したよりも，金額的に小さい間接の用役を受け取り，その差額を現金などで受け取る。
(3) 利息や賃貸料などの間接の用役を引き渡したよりも，受け取った娯楽や教育など直接の用役が金額的に小さく，その差額を現金などで受け取る。
(4) 娯楽や教育など直接の用役を引き渡したよりも，受け取った利息や賃貸料などの間接の用役が金額的に小さく，その差額を現金などで受け取る。

Ⅲ—3　商業価値と観念価値の受け取り＝商業価値と観念価値の引き渡し
　　この交換は物財と用役の受け取りと，物財と用役の引き渡しからなっている。この類型の交換もめったに生じるものではない。
　(1)　先方の書面約束または口頭約束の金額を割り引いて引き渡し，当方の書面約束または口頭約束の金額を割り引いて回収する。差額が生じた場合は現金などの受け渡しで均衡を保つ。
　(2)　先方の書面約束または口頭約束の金額に利息を付して引き渡し，当方の書面約束または口頭約束の金額に利息を付して回収する。差額が生じた場合は現金などの受け渡しで均衡を保つ。

　以上の９つの類型の等式関係に分類・整理された価値の交換は，いずれも，商業価値と観念価値とが明確に区分された「単純価値（simple value）」における交換[8]である（Folsom［1873］p.20）。したがって，１つの取引における交換が，２つ以上の類型の交換に分類されて示される場合がある。たとえば，ある金額の債権を有している場合，第三者が同額の債権を有していたとする。これを相互に取り立てを依頼して，さらに同じ金額の利息を含めて現金で受け取ったのちに交換したとする。この取引は，フォルサムの価値交換の分類によれば，商業価値と商業価値の交換である等式Ⅰ—１と，観念価値と観念価値の交換である等式Ⅱ—２とに分割して提示されることになる。つまり，フォルサムの価値の交換の等式は，取引の結果を表面的に表現したものである。
　このように，フォルサムは，取引を等価の価値の交換として説明してきた。ここでの特徴は，交換において果たす観念価値の意味と役割である。すなわち，価値の交換は，原則としては，商業価値と商業価値との等価での交換であるの

---

[8] また，フォルサムは，１つの勘定に商業価値と観念価値とが混在されている複合価値（complex value）についても論じている。複合価値は，複式簿記システムのなかでは結果的に混合勘定となるのであるが，この複合価値の存在が複式簿記を科学として説明する際の困難の要因であるとして，フォルサムは複合価値を商業価値と観念価値とに分解する必要があると論じている（Folsom［1873］pp.20, 40, 53, 59–63）。

だが，交換に供される商業価値の大きさに差違がある場合に，その差額を補完するために観念価値が登場するのである。したがって，フォルサムの枠組みにしたがえば，観念価値なくしては等価交換は成り立たないし，複式簿記の成立もみないことになる。

(3) 価値の記帳

フォルサムは，次に，価値を借方と貸方へ振り分けること（application of debit and credit），すなわち，価値の記帳について説明している。借方と貸方に関する記帳の法則は，前述した価値の交換に依拠している。つまり，「すべての取引において受け取った価値は引き渡した価値にもとづいている」とする「因果法則（principle of cause and effect）」（Folsom［1873］p.30）にしたがっているのである。その結果，以下の記帳法則が導出される。

1. すべての受け取った価値は借方記入[9]
2. すべての引き渡した価値は貸方記入

この記帳法則について，いま少し立ち入って検討しよう。受け取った価値が引き渡した価値に基礎づけられている，ということは，すなわち，引き渡した価値がなければ，受け取った価値はない，ということである。このことが価値の記帳法則の本質的特徴である。フォルサムは，受け取った価値が借方側に記帳されることについて，次のように説明している（Folsom［1873］p.31）。

　　受け取った価値は引き渡した価値に負っている（value received owes value given）。このことが受取価値が借方側に記帳される理由である。わ

---

[9] 複式簿記の記録様式の最大の特徴である，取引の要素を借方側と貸方側とに分類して整理していくという記録の法則について，第7章でみたように，「受け取った物（人）は借方」という初期の「理論」が約400年を経たここでも継承されていることは興味深い。

れわれはこれを真の理由であると信じている。というのは，受取価値が常に等価の引渡価値をともなうのであるのなら——それは取引の概念にとって必須の関係であるのだが——，受取価値はそれを生み出した源泉である引渡価値に依拠することになる。そして，受取価値がそれを生み出した源泉である引渡価値に依拠するなら，受取価値は，当然の結果として，引渡価値に負っており，したがって借方に記入されるのである。

すなわち，受取価値は，実際の交換において，ある価値を引き渡したことに対する見返りとして受け取られた等価の価値のことであり，交換の結果（effect of transaction）である。したがって，交換の結果である受取価値は，交換の原因（cause of transaction）である引渡価値に負っているので，借方に記入されるのである。

さらに，フォルサムは，引渡価値が貸方記入されることについて次のように説明する（Folsom [1873] p.31）。

> 引渡価値は受取価値に負われている（value given is owed by value received）。このことが引渡価値が貸方記入される理由である。引渡価値が貸方記入されることは，すでに，受取価値が貸方記入されるという証明のなかに含意されている。というのは，受取価値が借方記入されることが認められるなら，当然の結果として，引渡価値は貸方側に記入されることになるからである。しかし，引渡価値が貸方記入されるにはもう1つの理由が存在する。すなわち，引渡価値は受取価値を生み出す源泉であることから，引渡価値は受取価値に対して負われているので，その結果，貸方記入されるのである。

すなわち，引渡価値は，実際の交換において，ある価値を受け取ることに対する見返りとして引き渡された価値であり，交換の原因である。したがって，交換の原因である引渡価値は，交換の結果である受取価値によって負われてい

るので，その結果，勘定の貸方に記入されるのである。

そこで，フォルサムが示す具体的な取引例を2つとりあげて，このことを説明してみよう。

[1] 100ドルの労働を引き渡し，100ドルの現金を受け取る。

　この場合，現金100ドルは受け取った価値であるので勘定の借方に記入される。なぜなら，現金100ドルは，それを生み出す源泉となった労働100ドルを引き渡したことに対して負っているからである。また，労働100ドルは引き渡した価値であるので貸方に記入される。なぜなら，労働100ドルは，現金100ドルという受取価値を生み出したことに対して負われているからである。したがって，以下のように仕訳表現される。

　　　（借方）　現　　　金　　100　　（貸方）　労　　　働　　100

[2] 40ドルの現金を引き渡し，40ドルの労働を受け取る。

　この場合，労働40ドルは受け取った価値であるので勘定の借方に記入される。なぜなら，労働40ドルは，それを生み出す源泉となった現金40ドルを引き渡したことに対して負っているからである。また，現金40ドルは引渡価値であるので貸方に記入される。なぜなら，現金40ドルは，労働40ドルという受取価値を生み出したことに対して負われているからである。したがって，以下のように仕訳表現される。

　　　（借方）　労　　　働　　40　　（貸方）　現　　　金　　40

　さらに，これら2つの交換の結果についてみると，現金に関しては，100ドルが借方に，40ドルが貸方にそれぞれ記入されており，その結果，借方残額の60ドルは現金の正味の受取額を意味し，労働に関しては，100ドルが貸方に，40ドルが借方にそれぞれ記入されている結果，貸方残額の60ドルは労働の正味の引渡額を意味する。したがって，現金の正味受取と労働の正味引渡の金額が等しいことから，複式簿記についてのいま1つの重要な課題である「成果の二重表示」が導出されることにな

る（Folsom［1873］p.32）。

　このように，フォルサムにおいては，「左側は借方・右側は貸方」という勘定の両側の性格が，理論的に，当初から与えられているのである。このように，フォルサムは，価値の受け取りと引き渡しを勘定の借方と貸方に結びつけて論じる際に，従来の「人的勘定学説」と類似した説明，すなわち，「借方（debtor）」を「負っている（owe）」，「貸方（creditor）」を「負われている（be owed）」に結びつけていることがわかる。

　この点に関して，リトルトンは次のように批判している。すなわち，「フォルサム以降のスプレイグはこの落とし穴（trap）から抜けだし，このラテン語を語源とする用語（debit と credit）は，もはや本来の意味を喪失していると教えた。フォルサムは取引を等式関係に還元してはいるが，勘定への記入に関しては，それが注意深く定義されたカテゴリーにおけるたんなる数学的な増減であるということを学習者に対し教示することはなかった」（Littleton［1955］p.46）と。フォルサムは，ドイツやスイスにおける勘定学説の論者たちが成功したように，勘定記入の法則を，いわゆる，人的勘定学説における論理から完全に脱却して説明できるということには気づいていなかったということである。しかし，また，このことは，「簿記を完全に人的な記録と関連づけていた初期の影響の驚くべき根強さ」（Littleton［1933］p.293）のためでもあると指摘できるだろう。

　フォルサムは，経済学上の「価値の交換」の概念を援用して，複式簿記を「科学的」に説明するよう努力したのであるが，記帳法則の次元になると，古典的な説明に戻らざるを得なくなっている。

4 むすび

　以上のように，われわれは1873年に刊行されたフォルサムの簿記書を考察してきた。フォルサムは，経済学の知識，とくに「価値」の概念を援用することで，従来，取引事例の機械的な暗記・暗唱といったきわめて単調で「非科学的」な訓練を通じて習得されてきた複式簿記の技術と知識を，「科学的」におこなおうと試みた最初期の論者の1人である。

　フォルサムは「科学」として複式簿記の論理を組み立てるために，単一の支配的な原理に到達しようと努力した。そのために，会計記録（簿記）の対象を「価値」であるととらえ，さらに「価値」を「商業価値」と「観念価値」とに大別して提示した。次に，会計上の取引はこれら価値の「等価交換」であると措定して，9つの類型でもって交換の基本パターンを明確にした。また，このような価値の等価交換が，借方と貸方へ勘定記入される際の論理について説明した。彼のこのような論理構成の目的は，「企業取引を分解して，借方・貸方に記入する簿記記録の手続きを，単一の論理的なシステムに還元すること」（Littleton［1933］p.195）にあったに違いない。

　複式簿記を「科学的」に説明しようという野心的意図にもかかわらず，価値の記帳の説明に際して，すなわち，価値の交換結果を借方と貸方に記録する際の説明において，フォルサムは人的勘定学説的な説明――それは400年間ものあいだ続いてきた因習的な方法である――に立ち戻っていることになる。ここで，フォルサムは，「価値の増加・価値の減少」というように，旧来の説明方法からは完全に決別してその記帳方法を説明することができたと思われるのだが，「借方」「貸方」という複式簿記の記録様式に固有の意味（そして，それは複式簿記（複式記入）が成立する本源的な論理であるのだが）にとらわれてしまっている。ここに，複式簿記を「科学的」に説明するといいながらも伝統的な説明から脱却できない「限界」がみてとれる。

　それにしても，従来まで模倣と暗唱という「非科学的」な方法でしか習得す

ることができなかった複式簿記の知識と技術に対して，単一の原理を有する「科学」としてその学問的地位を向上させようとする努力は評価できる。リトルトンは以下のようにいう。すなわち，「簿記手続きが合理的な目的を反映し，合理的でわかりやすい対象についておこなわれるということを学習者に示すための賞賛に値する試みをなした」（Littleton［1955］p.45）と。またフォルサムのこのような努力が，会計学ないし会計理論の発展に貢献したことも否定できない。というのは，「会計理論の出現は，簿記の教師が複式記入の知的な側面を示現しようと努力したことに多くを負っている」（Littleton［1933］p.366）からである。

第9章

西洋式会計記録の移転と普及

1　はじめに

　「商業革命」（Lopez［1976］）の中世末期イタリアの商業都市で生成した，複式記入による会計記録は，ルネサンス期になり「印刷革命」（Eisenstein（邦訳）［1987］）によって知識化と社会化が同時に実現し，16世紀以降のヨーロッパ社会へと広まっていった。また，知識化の過程のなかで，複式記入による会計記録の手続きについて，合理的で論理的な説明可能性の追求がなされるようになった。

　本章の目的は，日本における会計記録の移転とその知識化の進展を検討することである。ヨーロッパで生成展開した複式記入による会計記録がどのような経緯でわが国に到来したのか，そして，どのように社会に普及したのであろうか。そこには，わが国における「近代化」の特殊な状況が影響している。1つは，明治初期の日本において，会計記録技術は近代化のために重要であると認識され，積極的に社会に取り入れられようとしたということである。そして，もう1つは近代的な学校教育制度が確立し普及する状況のなかで，知識として急速に普及したことである。会計記録に関する多くの刊行物が出現し，それらは学校の教科書として使用された。両者は，会計記録の知識化に対する巨大な社会装置となった。そして，社会的規模での会計記録の知識化の過程で，わが国に固有の会計記録に関する理論が生成することとなったのである。

2　近代国家の建設と西洋式会計記録

　日本の近世と近代を画期するのは,「明治維新」と呼ばれる19世紀中頃に生じた革命的な社会体制の変化の時期である。新しく樹立された明治政府は, 日本をアジアで最初の近代国家へと変貌させるべく, 種々の改革を断行した。それは, 中央官制・法制度・身分制度・地方行政・金融制度・経済政策・教育制度・外交・宗教政策など多岐に及ぶ, 真新しい国家の建設作業であった。そしてこれらの改革は, その当初において, 西洋のものをすべからく移入することを志向していた。つまり, 新政府は種々の社会システムを西洋化することで国家の近代化を成し遂げようと基本的に考えたのであった。また, 西洋化を通じて国家の近代化の実現を志向したのは新政府だけではない。経済界や教育界における当時のリーダーたちも同じ考え方を有していた。つまり, すべての改革者たちは西洋化を信奉したといえるのであった。

　欧米の先進的な技術や知識を取り入れようと, 法律・外交・医学・建築・土木・交通・産業・教育・芸術・軍事と多岐にわたる分野で多くの外国人を指導者（「御雇い外国人」）として高給で雇い入れた。金融や財政の分野も例外ではない。

　貨幣制度改革のため, 明治政府は, 造幣寮の建設を1868年に大坂において着手した。ここに設置された貨幣鋳造機械等は, ホンコンのイギリス造幣局に設置されていたものを開業の数年前に中古で購入したものであった。また, 政府は機械装置だけではなく, 貨幣鋳造技術の指導のために, ホンコンのイギリス造幣局長であったキンダー（Thomas William Kinder）を「造幣首長」として採用したことをはじめ, その他複数の外国人たちを雇い入れた。そのなかのひとりにブラガ（Vincente Emilio Braga）という人物がいた。ブラガはホンコン生まれのポルトガル人で「勘定役兼帳面役」として造幣寮に雇用され会計システムの運用をおこなった。造幣寮における会計は, 複式記入によって取引が記録され損益勘定とバランスシートが導出されるという, 西洋式複式簿記の形態を

とっている。

　1875年，ブラガは，大蔵省本省において雇用され，同省の会計システム改革の仕事に着手する。国家財政に対して会計記録による規律づけを有効にするため，大蔵省は，当初より制度の改革を繰り返し実施してきたが，いっそうの改革，とくに記帳方式の改革の必要を自覚していた。そして，1876年から大蔵省の会計システムは複式簿記へと進展することとなる。その後，政府会計への複式簿記の採用は，大蔵省本省にとどまらず，すべての省庁と地方政府へ拡張されることになった。このように，日本の政府会計は，明治憲法とともに発布・施行された会計法が制定されるまでのあいだ，複式記入システムを採用していたのである。

　ブラガによって導入された上記の事例は，いずれも政府関連の組織における会計実践であるが，民間企業に移転した西洋式会計技術の事例について考察してみよう。

　その最初にあげるべきは第一国立銀行である。近代的な銀行制度を整備するにあたり，アメリカ合衆国の国法銀行制度にならって，1872年に「国立銀行条例」が制定された。1873年に設立された第一国立銀行をはじめとして，この法律によって設立された銀行は1879年までに153行にのぼった。これら銀行の業務全般に対して，政府は厳格な監督および指導をおこなった。とりわけ，会計システムに関しては統一的な制度の確立をはかった（西川（孝）[1982] 21頁）。政府はスコットランド人の銀行家シャンド（Alexander Alan Shand）を雇用し，銀行経営のための会計システムを立案させると同時に，その技術指導をおこなうため銀行学局を開設し，そこにおいて教育にも従事させた。

　第一国立銀行は日本ではじめての商業銀行であると同時に民間資本によるはじめての株式会社である。しかしながら，銀行制度の整備それ自体が明治政府の主導のもとに企画されたものであり，採用される会計システムに至るまで，国家による主導の色彩が濃いといえる。

　このように，西洋式の会計記録技術をその会計システムとして積極的に導入したのは，政府機関や銀行などある意味で特殊な組織である。これらの組織は

明治以降になって創立したもので，当然，従前的な会計実践の慣行などもなかった。したがって，西洋式の会計記録システムを採用するにあたっては何の軋轢も生じなかったと思われる。だが，西洋式の複式簿記をその会計システムの基礎として採用するにあたって，熟慮を重ねて慎重に選択した結果であったとも思われない。大坂造幣寮も第一国立銀行も，近代国家建設のために移入された経済システムあるいは社会システムに付随するものとして西洋式の会計技術が移入されたにすぎないと理解するのが自然である。

　また，金融・財政といった経済システムの根幹に対して西洋式の会計記録技術を近代的組織に導入しようとした背後には，渋澤栄一という優れた経済人が存在した。渋澤は近代的な銀行だけにとどまらず，東京証券取引所，ガス会社，保険会社，製紙会社，セメント会社，鉄道会社などおよそ社会の近代化にとって必須の産業領域で，多くの企業を設立し経営者となった。そして，これら企業のほとんどは，当初からその会計システムとして西洋式の会計記録技術を採用している。これらの他に，いくつかの企業が西洋式複式簿記を採用しているが，いずれにおいても共通するのは，明治維新後に設立された新興企業であること，その設立や経営に，大蔵省や銀行などで複式簿記実務を経験した人物，あるいはまた，後述する慶應義塾や商法会議所など，福澤や渋澤が設置した教育機関において複式簿記の教育を受けた人物がかかわっていること，という特徴がある。

　日本の近代は，会計記録技術の知識化にとっても重要な意味を有する。それは西洋式複式簿記に代表される会計記録が「教科書」において記述され，整備されていく近代的学校制度のなかで普及していったことである。近世において，とくに寺子屋で使用される教科書あるいは手引書として，『商売往来』や『塵劫記』などが商人教育にとって有意義に機能したことについては第3章で論じた。見落としてはならないのは，それら商人育成の手引等においては，会計記録技術について説明した記述はまったく見あたらなかったということである。このことは，中世末期からルネサンス期のイタリア商業都市において数多く著された商業算術の教科書のなかに，会計記録に関する記述がなかったことと同

様である。洋の東西を問わず，会計記録技術に関する知識は，秘匿性・秘伝性の高いものであったと理解することができるだろう。

　1873年，日本近代化の象徴的思想家である福澤諭吉は，アメリカの初級簿記テキストであるブライアントとストラットンの著書 *Common School of Bookkeeping*（1861）（の一部）を翻訳し，『帳合之法』（初編）として出版した。この時代の思想的指導者で教育者でもある福澤は，西洋式複式簿記による会計記録技術が日本の近代化にとって重要な要素であると認識していた。福澤は，明治維新の直前にアメリカやヨーロッパを訪問し，西洋の文明や文化に直接触れている。彼は，西洋の技術・制度・思想を紹介するために多くの西洋の文献の翻訳をおこない，また一般人を読者とした数多くの啓蒙的図書を執筆し出版した。これらを通じて，福澤は，西洋文明を積極的に受け入れることが日本の近代化を成し遂げることであるとする社会的思想の流れを形成したのである[1]。福澤が翻訳出版した簿記会計の著書は，当時のアメリカに多く展開した連鎖ビジネス学校のうち最大規模の商業学校で用いられていた簿記テキストである。それは日本にとっては，会計に関する最初の著作物として歴史的意義を有する。

　福澤は日本にはじめて会計記録に関する知識と技術をもたらしたのである。先述のように，日本には近世においても組織経営に適合的な独自の会計記録の技術は実践されていた。その中には，高度に洗練された西洋式複式簿記と原理的には同等のものもあった。しかし，これら会計技術が刊行物において記述されることはなく，その技術が社会的な広がりをもって知識化するということはなかった。したがって，日本において最初に社会化された会計の知識は，福澤によって紹介された西洋式の複式簿記ということである。

　さらに，『帳合之法』は福澤がおこした慶應義塾だけにとどまらず，その後急速に整備されていく学校教育制度のなかで教科書として使用された。その意味において，福澤の最大の功績は会計知識の社会的な普及にあったといってよい。

1　黒澤［1990］は，『帳合之法』を福澤の近代化思想の象徴の1つであるとして，『学問のすゝめ』とあわせて，文化史的・思想史的観点から考察している。

ほぼ同時期に，第一国立銀行の会計システムを立案したシャンドによる簿記技術指導内容をまとめた『銀行簿記精法』が大蔵省より出版されている。その初版こそ1,000部である（西川（孝）［1982］24頁）が，銀行学局という特殊な場で限られた者のみを教育の対象としていたこと，内容が銀行簿記であるということから，会計知識の社会的な普及に対する直接的な貢献の度合からすると，その影響の大きさは『帳合之法』には及ばないと思われる[2]。

　実際のところ，知識の社会的規模での伝達・普及について，福澤は有利な立場にあった。それは，福澤自身が版下から販売までに至る一連の出版事業すべてを営んでいたからである（玉置［2002］97頁）。1872年に初版が出された『学問のすゝめ』は，全17編あわせてであるが，のべで340万部が全国で売れたという。『帳合之法』の販売部数がどれほどであったか正確にはわからないが，近代日本の思想的リーダーであった福澤が出版する本はおそらくどれも多く売れたものと推察できるので，シャンドの『銀行簿記精法』に比べると，刊行物としての直接的な影響力ははるかに大きいものだったのではないだろうか。

　福澤が設立した慶應義塾（現在の慶應義塾大学）では，当時の先端的な知識や技術，そして思想が教えられた。しかも，そこでの基本となる考え方は，実際に役に立つ学問，すなわち「実学」を標榜するものであった。そしてここで学んだ多くの者が，明治期の日本において指導的立場に立った。また後述するように，慶應義塾あるいはこれに関連，またはこれから派生する教育機関において，西洋式の会計知識を学んだ者たちのなかには，他の西洋式簿記書を翻訳した者や類書を出版した者もあるし，あるいは，明治初年にわたって整備されていく学校教育制度のなかで簿記教育に従事した者が少なくない。福澤の啓蒙的思想は慶應義塾で学んだ多くの者たちを通じて日本中に広まることとなり，西洋式の複式簿記の「社会的意義」も教育を通じて浸透していった。福澤が翻

---

[2] しかしながら，銀行学局での簿記教育によってシャンドの影響を直接または間接的に受けた少ない者たちはその後産業界の各方面で活躍し，そこにおいて西洋式会計技術の移転に貢献している。しかしそれは会計実践としての技術移転であり，本章で関心をもっている会計知識の社会的な普及ではない。

訳した教科書を起点に，それから多くの西洋式簿記の本が派生し，それらは急速に整備された日本の学校教育制度のなかで教科書として使用された。

驚くことに，西洋式簿記は初等教育においても教育されたのである。学校教育制度を通じて，西洋式複式簿記を知識として日本に普及したことに福澤の最大の貢献があるといえるだろう。また，実業家である渋澤栄一も複式簿記知識の普及に努力をしている。指導的経済人を育成するために，商業教育をおこなう高等教育機関の必要性をいち早く認識し，商法講習所（現在の一橋大学）の設立に奔放し，もちろんそこでは複式簿記を含む教育がおこなわれた。

3　教育制度の整備と会計記録知識の社会化

さて，教育制度である。1872年にわが国はじめての学校教育制度である学制が公布された。そこにおいて，上等小学と中学の教科課程として「記簿法」が置かれている[3]。実際に，これら学校でどのような会計教育がおこなわれていたか，その具体的内容については明らかでないが，学制公布後の1873年から毎年公表されている『文部省年報』によれば，1876年の第4年報から数年の間，小学校で採用された書籍のなかに福澤の『帳合之法』や，加藤斌が翻訳した『商家必用 記簿法 単認之部』，それに文部省が出版した小林儀秀の翻訳による『馬耳蘇氏記簿法』などが確認される。また，とくに1870年代末以降の数年間において，初等レベルの簿記教科書の出版が続いている[4]。つまり，専門教育

---

[3] 学制は，学校を，大学・中学・小学に分け，さらに小学を下等小学4年と上等小学4年に，中学を下等中学3年と上等中学3年に分けてそれぞれにおいて学ぶべき教科を列挙している。上等小学における「記簿法」は，事情によって学科目拡張する場合，すなわち増加科目としてあげられているのであって，かならずしも必修すべき教科目ではなかった。

[4] たとえば，石井義正『複式啓蒙記簿階梯』，森下岩楠 他『簿記学階梯』，遠藤宗義『小学記簿法』，安部迪吉『初学必携通俗簿記法』，城谷謙『小学記簿法独学』，呉新一『簿記学精理』，塚田正教『小学記簿法初編』，吉田忠健『小学記簿法』，山田尚景『小学簿記法』など多数ある。

としての商業教育においてではなく，初等教育の水準において早くも会計技術の知識伝達がおこなわれていたことが推察されるのである。このようなことを可能にしたのは，以前の章で述べたように，充実した庶民教育の実践と大量の教科書を発行する技術，および，それを全国規模で供給できるシステムがすでにわが国の近世において十分に整っていたことがその基礎にあることは間違いないだろう。

その後，1879年の「教育令」の第8条において商業学校の規定が置かれ，さらに，1884年の「商業学校通則」によって商業教育の制度化が確固としたものとなり，会計の教育に関連する学校制度は，初等レベルの普通教育から中等レベル以上の専門教育へと展開していくこととなる。

このように，近代日本における会計に関する知識は，国家による学校教育制度に組み込まれることで社会的な性格を強く帯びたものとなっていった。学校という知識の伝達装置によって，会計は，国家によって編成されたカリキュラム，すなわち「体系立てられた知識」として社会のなかに存在することとなる。この点において，中世末期からルネサンス期にかけてのイタリア商業都市においてみられた会計知識の社会化と，近代日本のそれとでは大きな意味の違いがあるといえる。

近代化を西洋化することととらえて，他の先進的なテクノロジーや社会制度と同様に西洋式会計記録も位置づけられ，その結果，国家的主導で企画された近代的学校教育制度に組み込まれることで，その知識は社会化したものとなって現出することになったのである。

4　むすび

19世紀の日本において，西洋式の会計記録は近代化の象徴の1つであり，したがってその技術移転がはかられたのであった。つまり，西洋式会計技術は近代的な国家建設にとって必要な要素として，当時の指導的立場にあった者たち

からはみなされていた。政府組織や近代的銀行制度の確立に際して，西洋式の複式簿記がいち早く導入されたのはその証しである。同時に，会計記録に関する知識は学校教育という近代的制度のなかで明確な位置を得ることになる。とくにその初期においては，初等教育の水準において，正式な学科目としてとりいれられたほどである。このように，近代の日本においては，会計記録は知識として社会のなかへと浸透していった。つまり，近代の日本において，会計記録は，学校教育制度を通じて広くかつ急速に社会的普及をみたのであるが，実践としてそれが経済社会に受け入れられるのはしばらくあとのことになった。近代以前から存在し，独自のそして適合的な会計システムを有していた多くの商家は，伝統的な独自の会計システムに代えて，新たな文明であり学校教育システムを通じて社会に普及しはじめた新しい会計記録をすぐに実践するといったことはほとんどなかったといわれている（西川（登）[1996][2004]）。日本の企業の多くが複式簿記を採用するようになるのは，納税申告の際に組織的な帳簿記録をしていると特典を得られるという制度が導入された1949年以降のことである。

　つまり，近代化のシンボルとして一部の先進的指導者たちから認識された西洋式の会計記録は，まずは知識としては社会的に普及したが，会計実践として一般化するには導入から100年近くの時間が必要であったのである。この意味において，近代日本における会計記録の社会化は特殊な過程を経たといえる。

第10章

会計記録理論の展開

1 はじめに

　第8章でみた複式記入に関するフォルサムの理論は，西洋式複式簿記が移入された明治初期のわが国の簿記書・簿記教育に大きな影響を与えた（黒澤［1990］121-122頁）。わが国の近代的商業教育制度の基礎の形成に貢献したのは御雇い外国人ホイットニー（W. C. Whitney）であった。彼が来日にあたって携えてきた簿記書のうちの1冊がフォルサムの簿記書であったという（Previts and Merino［1979］p.106）。「価値の等価交換」にもとづいた複式記入に関するフォルサムの理論[1]と，ホイットニーがもたらした西洋式会計記録に関する知識は，福澤諭吉や渋澤栄一によって整備されていく学校教育制度とともに，はじまったばかりのわが国の近代社会のなかに浸透していくこととなった。

　本章の目的は，明治初期に移転された西洋式の会計記録技術に対する理論である，いわゆる「取引要素説」が形成されていくまでの過程を確認し，わが国固有といわれる複式記入に関する論理の特徴を明らかにすることである。

1　フォルサムの簿記理論についての詳細は，第8章のほか，たとえば，久野（秀）［1979a］，久野（光）［1985］，中野［1992］などを参照のこと。

2　わが国固有の会計記録理論の形成

(1)　フォルサム簿記論の影響

　フォルサムの簿記書は翻訳して刊行された。森島修太郎によってフォルサム簿記書の最初の邦訳である『三菱商業学校　簿記学例題　完』(森島[1878])が出版された。原著がアメリカで出版されてから5年後、ホイットニーが商法講習所開設のために来日して3年後、そして、森島が商法講習所からの最初の卒業生のひとりとしてホイットニーから英文の卒業証書を受け取って（西川[1982] 167頁）から、わずかに1年半後のことである。森島は商法講習所卒業後に同校の教員となったが、1878年に開設したばかりの三菱商業学校の教員となった。書名にあるように、本書は三菱商業学校で使用するための教科書として製作されたものと思われる。同書は翻訳とはいっても、原書の一部しか紹介していない。しかも「価値の等価交換」において複式記入の理論については触れておらず、フォルサムが原書の第6章で記述した「13種類の取引の結果」とその具体的な取引例について記述しているだけである。

　これに対して、圖師民嘉[2]によって訳出された『簿記法原理』(圖師[1881])は、「抄訳」とクレジットされているように、原書のうちの第1章から第6章だけを翻訳したもの[3]ではあるが、複式記入の対象は価値の等価交換であってその交換は因果関係にもとづいており、受け取った価値が借方に、引き渡した価値が貸方に記入されるといった複式記入に関するフォルサムの理論を充分に受容して紹介している。

---

[2]　圖師は1875年の商法講習所開校と同時に同校に入学しているが、その後アメリカに渡っている。帰国後の1878年には第一国立銀行に勤務している。『簿記法原理』は、第一国立銀行のあとに勤務した工部省の在任期間中に出版されている。

[3]　フォルサムの原書は全部で16の章から構成されているが、圖師が訳出した第1章から第6章までは複式記入の理論に関する記述であり、それ以降の大半は帳簿記入の例解などである。

また，1884年には竹田等が『簿記学原論　全』（竹田［1884］）を出している。これは原書の第1章から第3章だけを訳出したものである。竹田は慶應義塾の福澤諭吉が1879年に開設した簿記講習所の開設に際して教師として招いた人物である（慶應義塾［1907］350頁）。竹田がどのようにして簿記の知識を得たのかは不明であるが，フォルサム簿記書の翻訳を出版する2年前の1882年に『商用簿記学　全』を刊行している[4]。同書においてすでに，「商売ノ取引ハ価ノ交換ヨリ成立チ価ノ交換ハ受ケタル価ト渡シタル価トノ二者ヲ含有スルヲ常トス。而ノ借貸ノ二語ハ此ノ受ケタル価ト渡シタル価トニ応用シ以テ価ノ起ル所ト納ル所即価ノ原因ト成果トヲ判別スル所ノ簿記学ノ述語タリ」（竹田［1882］3頁）という表現がみられる。そして複式記入について次のように表現している（同3頁）。

　　一　都ヘテ受ケタル価ハ借主トナル
　　一　都ヘテ渡シタル価ハ貸主トナル

　これらの記述から，竹田は，翻訳書である『簿記学原論　全』を出版する以前においてフォルサムの複式記入理論をその簿記書に取り込んでいたことが明らかである。
　なお，ここまで紹介した簿記書のほかに，フォルサムの理論にもとづいて複式記入理論を紹介したものとして，堀内正善（講述）『論理簿記学』（堀内［1887］），松尾亮（纂訳）『記簿法解釈　全』（松尾［1888］），森村金造『簿記学原理　全』（森村［1888］），勝村栄之助『商用　簿記学原論』（勝村［1889］），松本邁『簿記学講義』（松本［1890］）などがある。さらに，西川［1971］によれば，「フォルソムの理論を採り入れた簿記書は，数え切れない数に達している」（西川［1971］334頁）としており，西洋式複式簿記がわが国に移入された明治初期

4　竹田（輯）『商用簿記学』は慶應義塾の簿記講習所の教師になったあとの1885年に『校訂 商用簿記学』として，慶應義塾と関係の深い丸善商社から改訂版が出版されている。

において，フォルサムの複式記入理論が広く普及していたことがうかがえる。じじつ，「農業簿記」を書名に含んだ最初の簿記書[5]である前田貫一『農業簿記教授書』（前田［1884］）の簿記理論に関する記述はフォルサム理論をそのまま援用したものである（工藤［2012］55-57頁）。つまり，商業簿記にとどまらず，他の種類の簿記書においても，「価値の等価交換」にもとづいて複式記入の理論を提供するフォルサムの影響が強かったことがわかる。

(2) フォルサム理論の展開

　現行のわが国の簿記教科書類において，いわゆる「取引要素説」[6]と呼ばれる，複式記入に関する教育上の方法が多くみられる。たとえば，高等学校の簿記教科書（新課程）として採用されているすべて（安藤他［2013］，大塚・川村他［2013］，醍醐［2013］）において，**10-1**に示したような図による説明がなされている。

　この「取引要素説」を用いた複式簿記の導入教育方法はわが国に固有のものである（沼田［1972］6頁）という興味深い指摘がある。その淵源は，前節でみた，フォルサムの簿記理論にさかのぼるという（西川［1971］，黒澤［1990］）。そして，「取引要素説」は，一朝一夕にして成立したものではなく，多くの簿記論者の考察を経由しながら，時間をかけて発展し形成されてきたものなのである。ここでの目的は，わが国で独自に展開したとされる「取引要素説」の形成過程を描出することで，会計記録に関する理論変化を明らかにしようとするものである。

　わが国に固有の会計記録に関する理論であるという「取引要素説」の基礎を

5　農業・工業・商業の産業教育に関して，1878年から85年にかけて刊行された出版物のうち現物が確認された1,400件あまりを調査した三好［1992］に拠っている。

6　本章においては「取引要素説」と呼称するが，他の表現として「計算要素結合の関係」（下野［1895］），「取引要素結合関係」（吉田［1904］），「取引要素結合法」（沼田［1972］）などと表現されることもある。しかし，いずれも複式記入においてその記録対象を構成する仕組みについて言及したものとして同一視している。

【10-1】 現行の教科書にみられる「取引要素の結合関係」

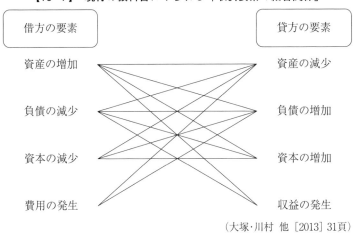

(大塚・川村 他 [2013] 31頁)

つくった者として，一般に，下野直太郎があげられる（沼田 [1962] 18頁，西川 [1982] 183頁，黒澤 [1990] 125頁）が，1878年にわが国で最初にフォルサム簿記書（の一部）を翻訳して出版した森島修太郎自身の簿記書である『簿記学第一』（森島 [1891]）のなかにも，「取引要素説」の萌芽がみられる（西川 [1982] 183-184頁）という。

　フォルサム理論に精通していた森島は「等価の価値交換」とする基礎理論を前提としている。複式記入の対象である取引を，「取引トハ通貨ノ名称ヲ以テ価ノ分量ヲ示シ而シテ物ト物トヲ交換スル都テノ会計ノ事務ヲ云フナリ」（森島 [1891] 1-2頁）としているし，それが「一種ノ取引毎ニ必ス或ル一種ノ物ヲ受ケテ他ノ一種ノ物ヲ渡スニ在ルナリ」（同，2頁）と，引き渡しと受け取りの行為からなっていることを明らかにしている。さらに，「価ヲ交換スルニ其分量ノ釣合ハ常ニ受ル物ト渡ス物ト相互ニ均一ナル分量ノ価ヲ交換シ以テ相互ニ平均ノ釣合ヲ保テ居ルモノナリ」（同，3頁）と，等価交換についても記述している。

　森島がフォルサム理論を進展させた部分は2点ある。その1点は，取引要素の識別，すなわち分類の仕方である。

【10-2】 森島［1891］における「価ノ分類表」

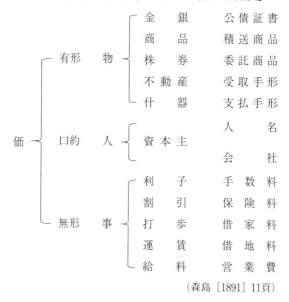

（森島［1891］11頁）

　フォルサムが複式記入の対象を「価値」（Value）と認識していたのに対して，森島は「価」という表現を与えて次のように説明している。すなわち，「価ハ無形有力ナル一種ノ力ニシテ常ニ交換ノ標準トナルモノナリ」（森島［1891］2頁）と。フォルサムの理論においては，「価値」は「商業価値」（こんにち的にいえば資産および負債勘定）と「観念価値」（こんにち的にいえば収益および費用勘定と資本勘定）の2つに大別されていたのに対して，森島は上記のように3つに大別している。最初の「有形」とは「形ヲ有スルモノ」であり，これを「物」と称している。2番目のカテゴリーは「口約」であり，「人ノ口約束ニ関スルモノ」をここに分類している。これに対して「人」という表現をあてているが，その内容は，資本金と，債権債務のうちの人名勘定（売掛金と貸付金）である。同じ債権債務でも，手形に関するものは最初のカテゴリーの「物」に区分している。3番目の「無形」とは字義のとおり「形ヲ有セサルモノ」でありこれに対しては「事」という表現を与えてカテゴリーをつくっている。具

【10-3】 森島［1891］における「交換九様ノ変化」

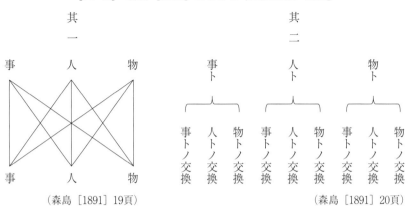

（森島［1891］19頁）　　　　　　　　　　　　（森島［1891］20頁）

体的な内容は収益と費用の項目である。

　これら3つに識別・分類された対象を交換の原則に従って整理したのが，10-3である。

　複式記入の対象の識別の仕方がフォルサムとは異なるので，その交換の関係も相違することになる。森島がフォルサム理論を進展させた2つめの点，それは「取引要素説」という理論形式において最大の貢献ともいえるものであるが，これら3つの要素間の結びつき方を，線で結んで表現したことにある。

　ところで，複式記入に対する森島の理論はフォルサム理論を基礎にしているので，「価ノ交換」に因果関係を認めている。したがって，受け渡しの行為にもとづいて，以下のように借方・貸方の複式記入の理論化をおこなっている。すなわち，「渡ス物ハ或ル他ノ物ヲ受ケンカ為ニ渡サレタルモノニテ全ク此渡サレタル物ノ有ルカユエニ受ケントスル物ヲ受ケ能フノ訳ナレハ即チ渡サレタル物ハ己レカ有スル価ヲ受ケラレタル物ヘ貸スノ道理トナルナリ」(森島［1891］29頁)，それに，「凡ソ一種ノ交換ハ渡ス物ノ有ルニ由テ他ノ物ヲ受ケ得ラル、モノナレハ受ケタル物ハ渡サレタルモノ、庇陰ニ由リテ受ケラル、ルニ至ルモノナレハ則チ受ケタル物ハ渡シタル物ヨリ価ヲ借ルノ道理トナルナリ」(同，30頁)と。

高等商業学校第二回卒業生である下野直太郎は，森島［1891］と同様に，その著書において「等しい価値の交換」に基礎を置くフォルサム理論を進展させた[7]。森島はフォルサムの原著を翻訳したが，下野は学生時代にフォルサムの簿記書を用いて学習したようである（太田［1956］61頁）。つまり下野は森島と同様，フォルサム理論に精通していたのである。

　下野は，複式記入の対象である「取引」を「凡そ何事に由らず財産の増減変化にかかる事件」（下野［1895］2頁）と定義し，そのなかに「含有せる簿記計算の要素」（同，5頁）を認定している。このように下野は「計算要素」という表現と概念を複式記入の理論のなかに取り入れたのである。「計算要素」は，さらに「交換」と「金銭貸借」それに「損益」の3種類に識別される（同，5頁）。まず，「交換」とは「一の有価物件を受け代りに之と等価格なる他の有価物件を渡す」（同，6頁）ことである。次に，「金銭貸借」とは「後日に至り若干の金額を受け又は渡すべき権利義務すなわち債権債務」（同，7頁）のことをいう。森島［1891］と同じように，資本金は，資本主を債権者とみなしている（同，17頁）ので，ここに分類されている。森島［1891］が，受取手形・支払手形を「物」すなわち有形財としていたのに対して，下野は手形を含むすべての債権債務を「金銭貸借」に分類している。3番目の「損益」とは「財産高を増減す」る「影響」（同，9頁）のことをいう。つまり，収益・費用の項目である。なお，「金銭貸借」は「貸金」すなわち債権と，「借金」すなわち債務とにさらに区別される。

　その結果，下野は8つの「計算要素」（取引要素）を識別していることとなる。下野はこれらに「原素」という表現を与えており，それぞれは実際の取引においては**10-4**のように分解されている。

　そして，「此等の要素が取引を組織構成するに付き相互に連結対持せる関係

---

[7] 太田［1940］では，フォルサムの理論と下野の理論とを比較して，その相違点を論じている。しかしながら，フォルサムの理論として提示されているのは，フォルサム簿記書そのものからではなく，佐野善作『商業簿記教科書』（佐野［1897］）と東奭五郎『新案詳解商業簿記』（東［1903］）における記述である。

【10-4】 下野 [1895] における「計算原素」

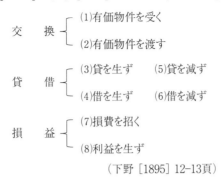

(下野 [1895] 12-13頁)

の位置および分量を考察すべし」(同，12頁) として，この結合関係を**10-5**のように示している。

このようにして，8つに識別された取引要素とそれらの組み合わせが表現されたのである。この図においては左右，すなわち借方側と貸方側に配置された4つの要素が相互に他方のすべての4要素と結びついて示されている。しかしながら，組み合わせ，すなわち結合関係のすべてが具体的な取引を例にして説明されているわけではない。

ここまで，フォルサム理論を共通の基礎としてそれを進展させて，「取引要素説」の萌芽を示したものとして，森島 [1891] と下野 [1895] の2つをあげてきた。しかしながら，こんにち一般には，「取引要素説」の始原として位置づけられるのはもっぱら下野であって，森島に言及するものはほとんどない。その理由は，下野 [1895] で示された複式記入理論の着想が，ほとんどそのままのかたちで，社会的影響力のある簿記書において採用されたからである[8]。その簿記書の著者は吉田良三である。

---

[8] 「下野の計算要素説は，多くの学者によって承継され」(黒澤 [1990] 125頁) といった言及があり，下野理論を継承した例として，佐野 [1897] と東 [1903] があげられているが (黒澤 [1990] 125頁)，佐野と東の簿記書は，いずれも，下野の簿記理論の継承というよりは，フォルサム理論の援用または紹介と位置づけたほうが正確であるかもしれない (佐野 [1897] 10-13頁，26-29頁，東 [1903] 118-122頁などの部分を参照)。

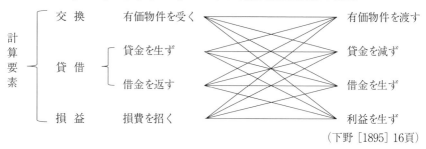

【10-5】 下野［1895］における「計算原素相関係の地置」

（下野［1895］16頁）

　吉田はじつに多くの種類の簿記教科書を著し，それらは中等教育課程から高等教育課程までの広範な教育制度のなかで使用されていた（工藤・島本［2012］89-90頁）。

　吉田の初期の簿記書[9]，『最新　商業簿記学』(1904)，『甲種商業簿記教科書』(1912)，『最新式　近世簿記精義』(1914)，それに『最新式　近世商業簿記』(1914) などにおいては，「取引構成要素」として「有価物・金銭貸借（債権債務）・損益」の３つを識別し，これらを基礎として，「（一）有価物を受く，（二）有価物を渡す，（三）貸金を生ず，（四）貸金を取返す，（五）借金を生ず，（六）借金を返す，（七）損失費用を生ず，（八）利益を生ず」という「取引の八要素」を認識している。そして，これら取引要素（一）（二）（三）（四）と（五）（六）（七）（八）相互間の「結合関係」を**10-6**のように図示している。

　これらは一部表現に違いがあるものの，基本的に下野［1895］で提示された複式記入の説明をほとんどそのまま踏襲したものである[10]。吉田［1904］では借方・貸方それぞれの側に配置された４つの取引要素相互間すべてに結合関係があるという意味での線が引かれている。つまり16通りの結合関係[11]が図示さ

9　ここにあげた簿記書以外に，出版元情報として早稲田大学出版部蔵版による『商業簿記』（第七回早稲田商業講義）という簿記教科書の存在を確認できるが，出版年が不明であるので除外している。同書においても，下野によって着想された「取引要素説」がほとんどそのまま掲載されているが，取引八要素の結合関係に関する図に関して，要素間を結びつける線が引かれていない。これは『甲種商業簿記教科書』と同様であるので，本簿記書は『甲種』と同時期あたりの出版ではないかと推察される。

【10-6】 吉田良三初期の簿記書における取引要素の結合関係の図示

『最新　商業簿記学』(1904)

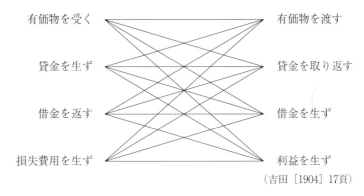

（吉田［1904］17頁）

『甲種商業簿記教科書』(1912)

　　　有 価 物 の 取 得　　　有 価 物 の 喪 失
　　　債 権 の 発 生　　　　債 権 の 消 滅
　　　債 務 の 消 滅　　　　債 務 の 発 生
　　　損 失 の 発 生　　　　利 益 の 発 生

（吉田［1912］45頁）

『最新式　近世簿記精義』(1914)および『最新式　近世商業簿記』(1914)

（吉田［1914a］29頁，吉田［1914b］17頁）

れている。これに対して，吉田［1912］では，要素間に線が引かれていない。

　具体的な取引例が8通り示されているだけであるので，左右に配置された要素間の結合関係の詳細については不明である。また，吉田［1914a,b］では，それぞれの側に配置された4つの要素同士は「同性」なものであって同性間での取引の結合関係はみられず，「如何なる取引も上記の左方要素と右方要素，すなわち異性の要素が結合して成立する」（吉田［1914a］29頁）としているだけで，左右4要素間での具体的な結合関係を線で結んで示してはいない。

　吉田の簿記書は大きなポピュラリティを有していたので，「取引要素説」が広く社会に普及するための媒体として機能したことは確かであろう。その意味において「取引要素説」が簿記教育の世界において一般化し，ひいてはわが国固有の複式記入理論であるといわれるようになったのは，吉田の簿記書に負うところが大きいといえる（西川［1982］184頁，黒澤［1990］125頁，安藤［2002］6頁）。だが，「取引要素説」は吉田自身のオリジナルではなく，これまでみてきたように，それは下野直太郎の着想によって形成されたものであり，吉田良三は自身の簿記書に下野の理論を掲載することでその知識の社会普及に貢献した[12]と，二者の評価は区別されるべきであろう。

10　確認できているなかでは最初期の吉田の簿記書『最新 商業簿記学』［1904］においては「取引要素説」に対してそのオリジナルである下野への言及はないが，同書を改訂改題した『最新 商業簿記』［1907］においては「取引要素及其結合関係に就ては旧師東京高等商業学校教授下野直太郎氏の講説に負ふ所極めて大なり」（吉田［1907］，緒言3頁）という記述がある。なお，安藤［2002］によれば，改訂前の『最新 商業簿記学』第6版（1905）において類似の記述がみられるという（安藤［2002］7頁）。

11　ここで16通りとしているのは，4要素と4要素がそれぞれ1対1の関係で結びついている場合を仮定した組み合わせの数であり，実際の取引のなかには，貸付金と受取利息を現金で回収した取引の場合（「有価物を受く―貸金を取返す・利益を生ず」）のように，2つ以上の要素が複合的に他方の1つの要素と結合関係を構成するものがある。吉田は次のように言及している。「あらゆる総ての取引は上図左方四要素中の一つ若くは二つ以上の要素が右方四要素中の一つ若くは二つ以上の要素と結合して成立するものなり」（吉田［1904］18頁）と。

(3)　「取引要素説」の確立

　吉田の初期の簿記書において，「取引要素説」に関する記述は，確かに下野[1895]を模倣したものの域を出ていなかった。しかし，その後の吉田の簿記書においては独自の工夫が加えられるようになる。

　1914年10月に『最新式　近世商業簿記』の初版を出したが，その5年後の1919年2月に改訂版（吉田[1919]）を出版している。この改訂版では複式簿記の基本原理に関する説明が一変している。複式簿記の説明に先立って，「資産負債」それに「資本及其増減」について記述することからはじめ（同，9-13頁），これを前提にして「複式簿記の数理的基礎」として「資産＝負債＋資本」の基本等式を提示している（同，18頁）。そして「是れ複式簿記計算組織の基礎をなすものにして、取引の複式及貸借平均の理は其源をこゝに発す」（同，18頁）と述べている。つまり，複式簿記の理論の起点として，新しく「数学の方程式」を置いているのである[13]。「簿記は日々発生する取引に付之が資産負債及資本に及ぼす増減を記録計算する」（同，20頁）ものであり，それら「増減」が「取引に依て前掲方程式の三項目に生ずる結果」（同，19頁）を勘定形式にあてはめると**10-7**のようになるといっている（同，21頁）。

　下野あるいは森島の「取引要素説」においては，複式記入の対象が，それぞれ，「交換・貸借・損益」あるいは「物・人・事」と表現されて識別されていたのに対して，吉田は『最新式　近世商業簿記』の改訂版において「資産・負債・資本」という現代的な表現を与えている。しかし他方で，下野理論を継承

---

[12]　このように，吉田は下野が創出した複式記入理論を社会的に普及させたという点で評価されるべきであるが，「世間では『吉田の八要素』と称して，最も便利な，またわかり易い簿記の説明法であると宣伝した」（太田[1956]36頁）とあるように，この理論のオリジナルである下野の存在についてはよく知られることなく，吉田によって開発されたものであるかのように評価されたのであろう。

[13]　この吉田の理論展開について黒澤は次のようにコメントしている。「ハットフィールド流の二勘定学説と，下野直太郎『簿記精理』（明治二十八年）によって独創的に提唱された計算要素説とを巧みに融合」（黒澤[1990]145頁）している，と。

【10-7】 吉田［1919］「資産負債資本の左右関係」(1)

（左　方）	（右　方）
資産の増加	資産の減少
負債の減少	負債の増加
資本の減少	資本の増加

【10-8】吉田［1919］「資産負債資本の左右関係」(2)

（左　方）		（右　方）	
(1) 有価物の取得 ⎫ 　　　　　　　　　⎬ 資産の増加	資産の減少 ⎧ 有価物の喪失　(6)		
(2) 債権の発生　 ⎭	⎩ 債権の消滅　　(7)		
(3) 債務の消滅　―― 負債の減少	負債の増加 ―― 債務の発生　　(8)		
(4) 引出又は減資 ⎫ 　　　　　　　　　⎬ 資本の減少	資本の増加 ⎧ 元入又は増資　(9)		
(5) 損費の発生　 ⎭	⎩ 利益の発生　　(10)		

した従前の説明[14]との論理的な整合性を意図したのであろうか，**10-8**のような説明を加えている（同，23頁）。

つまり，「資産の増加（減少）」には「有価物の取得（喪失）」と「債権の発生（消滅）」を，「負債の増加（減少）」には「債務の発生（消滅）」を，そして，「資本の増加（減少）」には「元入又は増資（引出又は減資）」と「利益の発生（損費の発生）」というように，従来の，すなわち，下野理論において用いられてきた取引要素（計算要素）との擦り合わせをおこなっている。

吉田［1919］では，(1)資産の増加，(2)負債の減少，(3)資本の減少，(4)資産の減少，(5)負債の増加，(6)資本の増加という6つの取引要素を基礎としながらも，資産の「有価物」と「債権」，資本に「利益と損費」の細分類を組み込むこと

14　正確にいえば，下野理論の援用の域を出なかった初期の簿記書においては「債務」に包含されていた「資本」が，ここでは独立したカテゴリーを与えられている。

【10-9】 吉田［1919］「取引構成十要素」

借方たるもの	貸方たるもの
有価物の取得	有価物の喪失
債権の発生	債権の消滅
債務の消滅	債務の発生
引出又は減資	元入又は増資
損費の発生	利益の発生

（吉田［1919］40頁）

【10-10】 吉田［1923］「取引構成十二要素」

（左方要素）	（右方要素）
1．有価資産の増	7．有形資産の減
2．無形資産の増	8．無形資産の減
3．負債の減	9．負債の増
4．資本金の減	10．資本金の増
5．利益の減	11．利益の増
6．損費の増	12．損費の減

（吉田［1923］32頁）

で，10-9のように，10種類の取引要素を識別することになる。

　吉田［1919］『近世商業簿記』（改訂版）から4年後に同書の2度目の改訂をおこなっている（吉田［1923］）。そこにおいては，資産・負債・資本の各増減をもとにした「取引六要素」を基礎にしながらも，資産と負債を「有形資産・無形資産・負債」に細分類したほか，「利益」と「損費」に関しても，それらの増加と減少を両者ともに識別して，10-10のように合計12の取引要素を表現している。

　このように，複式記入の対象としての取引要素の識別に関して，6要素を基本としつつも，ある簿記書では10要素，また別の簿記書では12要素と多様な記述をおこなっている。吉田によれば，「取引要素の数は財産及資本を分類する精粗に仍り自由に増減し得る」（吉田［1923］32頁）ということである。

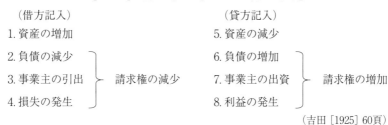

1925年に吉田［1914a］を改訂した『改訂増補　近世簿記精義』（吉田［1925］）を出版した。ここに至って，吉田の「取引要素説」は相当の進展をみせることとなる。資産・負債・資本を基礎として，それらの関係を「総資産（Total Assets）＝総負債（Total Liabilities）＋資本（Proprietorship or Net Investment）」の等式関係で把握している（吉田［1925］41頁）のは，一見すると前著までと同じようにみえるが，これら3つの基礎概念とその関係性の起点を「貸借対照表」に求めている（同，42頁）点は以前の簿記書にはみられない。つまり，複式記入の対象となる取引要素を貸借対照表項目（財務諸表項目）として位置づけたのである[15]。その結果，「貸借対照表所属勘定としては資産勘定負債勘定及資本主勘定の三つに，又損益表所属勘定としては損失勘定及利益勘定の二つ」（同，48頁）の合計5つの勘定を取引要素の対象として識別するようになる。

その結果，複式記入の取引要素は**10-11**の8つに識別されることとなる。

10-12に示しているように，若干の表現の修正はあるが吉田［1925］で識別されていた8つの取引要素が基礎に置かれている。ここに「吉田良三の取引八要素説は完成した」（安藤［2002］12頁）が，何といっても特徴的なのは，借方側・貸方側にそれぞれ配置された4つの要素が相対する他方の側に位置する4つの要素すべてに対して結合関係の線が引かれている点である。つまり，要素

---

[15]　旧著において，「簿記の目的」に期末における貸借対照表と損益計算書（損益計算表，損益表）の作成をあげているが（吉田［1914a］2頁，吉田［1914b］2頁，吉田［1919］2頁，吉田［1923］2頁），これら財務諸表の構成論理から取引要素の説明を演繹してはいない。

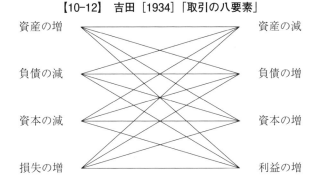

【10-12】 吉田［1934］「取引の八要素」

間でのすべての組み合わせが提示されているということになる。こんにち一般に示されている「取引要素の結合関係」とは相違がある（安藤［2002］13頁）。この相違に着目しよう。

同様に要素間を線で結んだ提示は吉田の初期の簿記書（吉田［1904］）においてもなされていた。現在の一般的な「取引要素説」では要素間の結合関係に線が引かれていない，つまり，実際の取引として認知されていない，「費用の発生―収益の発生」（「損失費用を生ず―利益を生ず」）といった結合関係の取引例として，「甲に借金の利息として支払ふべき金額と甲より或事件の手数料として受取るべき金額とを相殺したる場合の如し」（吉田［1904］17頁）をあげている。これは同一対象を相手とした受取利息（収益）と支払利息（費用）との相殺をいっている。しかしながら，本来は，「支払利息の発生―資産の減少（負債の増加）」と「資産の増加（負債の減少）―受取利息の発生」と2つの取引として認識されるべきものであり，これら2つの取引を相殺してあてはめることには無理がある。

さらに，吉田［1934］においては，「資本の減―利益の増」の例として「無償デ減資ヲナス」，「損失の増―資本の増」の例として「無償デ増資ヲナス」をそれぞれあげている。はたしてこの例示は適当といえるのであろうか。

ここで問題としたいのは，提示された取引要素の結合関係が思考の枠組みとなっているのではないかということである。吉田［1904］と吉田［1934］は，

ともに，貸借両側に配置された各取引要素間のすべてを相互に線で結んでいる。この様式に規定されて，実際には発生しない結びつき方をした取引例を無理に考え出さなければならないようになったと考えられる。つまり，本来，取引要素の結合関係は，因果性によって結びついた取引要素を理論的に整理したものであったはずなのに，説明手段である理論の準拠枠に誘導されて困難な論理状況が作り出されているのではないか。

取引要素間のすべてを線で結び結合関係を示すことで明らかとなった吉田理論の困難性を解消したのが沼田嘉穂である。沼田の『簿記教科書』（沼田［1956］）には**10-13**のような「結合関係と貸借記入の法則」が示されている。

吉田の**10-12**と比べると，「損失の発生―利益の発生」には線が引かれていない。これについては「取引八要素の結合関係表において，損失の発生と利益の発生との間の結合線があるかどうかについて異論がある。取引を形式的にのみ解釈し，簿記の記入のうえで単に結合しうる場合のみをさすのであれば，この結合はありうる」（沼田［1956］41頁）として，吉田があげた支払利息と受取利息の相殺取引を引いている。だが，「しかし取引を実質的に解し，ある一つの取引を原因と結果とからみて，これを取引要素に分析してその結合を認識することが取引要素の分析であるとする場合，損失の発生と利益の発生とが結合

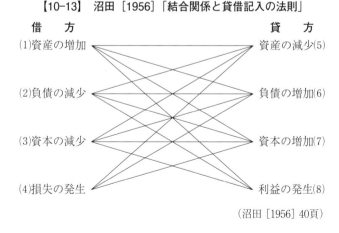

【10-13】 沼田［1956］「結合関係と貸借記入の法則」

借　方　　　　　　　　　　　　　貸　方
(1)資産の増加　　　　　　　　　　資産の減少(5)

(2)負債の減少　　　　　　　　　　負債の増加(6)

(3)資本の減少　　　　　　　　　　資本の増加(7)

(4)損失の発生　　　　　　　　　　利益の発生(8)

（沼田［1956］40頁）

する取引は存在しない」（同，41頁）と述べている。取引要素の結合関係の有無は「取引の実質」によって判定すべきであるというのである。

沼田のこの考えは，さらに取引要素の結合関係を制約的にする。「資本の減少─利益の発生」と「損失の発生─資本の増加」の２つの結合関係については，「理論上ありうるにとどまり，実際は絶無であり，適当な取引例を掲げることが困難である」（同，41頁）といっている。

その結果，沼田は別の簿記書『新版　近代簿記』（沼田［1962］）においては，10-14のように図示している。

10-14では，要素間に引かれた全部で15の結合線が，太実線（①〜⑤）・太点線（⑥〜⑩）・細実線（⑪〜⑬）・細点線（⑭と⑮）の４つの種類に区別されている。これらは取引として生じる度合いによる区分であるという。⑭「損失の発生─資本の増加」と⑮「資本の減少─利益の発生」の２つは，沼田［1956］でも述べているように，「実際の取引としては殆どなく，これにあてはまる取引として妥当な例を挙げることすらも困難である」（沼田［1962］19頁）としているのに加えて，⑪〜⑬の「結合は稀である」と述べている。

【10-14】　沼田［1962］「取引８要素の結合関係表」

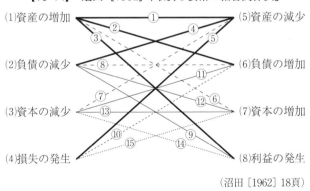

（沼田［1962］18頁）

沼田の「取引要素説」の基礎にあるものは明解である。「取引要素の結合関係表は，取引を分析して原因と結果とに分けることを目的としている」（同，

22頁)。また,「取引要素の結合関係表の対象となる取引とは,実際の取引であり,……,原因・結果が本質的に結合した固有の取引でなければならない」(同,23頁)というように,複式記入の対象となる取引に内在する因果性を重視しているのである。

このように,沼田によって,現在もなお簿記教科書等においてみられる,わが国固有の会計記録に関する理論とされる「取引要素説」は完成されたのである。

3　会計記録理論の基礎

複式簿記を成立させるための前提となるのは,すべての取引についての記録単位である勘定の借方側と貸方側とに二重におこなわれる記録様式,つまり複式記入である。貸借複式記入こそが複式簿記の形式的特徴であり,利益の二重計算などの実質的諸特性を規定する起点である。

複式記入に対する理論的考察は初期の簿記書において見出すことができた。それは「受け取った物あるいは受け取った人は,引き渡した物あるいは引き渡した人に対して借方である」というものであり,16世紀末期から17世紀初頭に出版されたイギリス簿記書のなかで主に観察することができる(Peele [1553], Peele [1569], Mellis [1588] など)。これは貸借複式記入に際しての「一般法則」として提示されている。

注意しなければならないことは,ピールらによって表明された複式記入に関する説明,すなわち,複式記入による会計記録の論理は,借方・貸方の属性を明らかにしただけではないということである。そこでは,仕訳帳記入,すなわち複式記入の対象である人や組織の経済的行為が「受け取り」と「引き渡し」という「交換」であり,その交換は,2つの行為が結びついて構成されていることを含意している。

このことは,複式記入(複式簿記)を構築する理論の基礎を「因果的複式簿

記」と表現した井尻 [1968] の理解に通じる。井尻は，人や組織の経済活動を，ある財を獲得するために他の財を消費・引き渡しする一連の過程，すなわち交換であるととらえている。会計にとって必要なことは「どの財がどの財と交換されたかを識別・記録すること」であり，そのために実践される複式記入は「得たものと失ったものとの間の因果関係すなわち交換」を記録する営みであるといっている（井尻 [1968] 111頁）。つまり，「財産の増分と減分との因果関係こそ複式簿記を複式たらしめる根本的なもの」（同，140頁）であるので，「慣習的に用いられてきた複式簿記の構造は因果的複式簿記の観点から説明されるべき」（同，149頁）であり，「複式簿記の本質的な要素は主体財産の変動を増分と減分との因果関係で把握する点にある」（同，149頁）と主張している。

つまり，ピールに代表される初期の簿記書においてみることのできる複式記入による会計記録の論理は，井尻が整理した「因果的複式簿記」，すなわち，物の受け取りと引き渡しという交換行為，あるいは交換の主体を基礎にしていることが明らかとなった。

会計記録の初期理論としてあげたピールの簿記書（Peele [1553]），「取引要素説」の淵源となったフォルサムの簿記書（Folsom [1873]），フォルサム理論を基礎として「取引要素説」を着想した下野の簿記書（下野 [1895]）あるいは森島の簿記書（森島 [1891]），これらいずれの説明においても，複式記入の対象は受け渡しあるいは交換とされ，そこには因果性があることが明示されている。

吉田良三も，また，「複記式にては或資産の増加又は減少を記録する時，資産自身の増減を記録する外その増減を来たせる原因をも併せ記録するなり」（吉田 [1925] 60頁）といっており，資産が増加する場合と資産が減少する場合について**10-15**のような説明をあげている。

このように，「取引要素説」として20世紀においてわが国で形成された会計記録の理論は，じつはその淵源が，複式記入の最初期の理論にあることを確認できたことはたいへん興味深い。

【10-15】 吉田［1925］資産の増減の因果関係

資産の増加 ┌ （一）資産の減少　（是迄有せし或資産を失ふに対し他の資産を受入る場合）
　　　　　 ┤ （二）負債の増加　（他人より借金をなし之に対し或資産を受入る場合）
　　　　　 │ （三）事業主出資　（事業主より出資として或資産を受入る場合）
　　　　　 └ （四）利益の発生　（利益を生ぜる結果として或資産を受入る場合）

資産の減少 ┌ （一）資産の増加　（他の資産を得るに対し是迄有せし或資産を失ふ場合）
　　　　　 ┤ （二）負債の減少　（他人へ借金を返すため或資産が出で去る場合）
　　　　　 │ （三）事業主引出　（事業主が引出すため或資産が出で去る場合）
　　　　　 └ （四）損失の発生　（損失を生ぜる結果として或資産の出で去る場合）

（吉田［1925］55頁, 56頁）

4　むすび

　近代になってもたらされた会計記録は，わが国固有の理論とされる「取引要素説」となって西洋式会計記録の知識を移入後数十年のあいだに確立した。その淵源となったのは，フォルサム簿記理論であった。そこには複式記入の初期理論にみられたのと同様に，等価の価値の受渡しを基礎とした理論が展開されていた。

　繰り返しになるが，「取引要素説」の基礎にあるのは井尻がいうところの「因果的複式簿記」からの観点である。井尻は複式記入の理論を，原因としての引き渡し（減分）と結果としての受け取り（増分）から説明すべきだと主張している。このように思考することによって，「会計人は棚卸資産の増減そのことだけを考えることはできない。というのは財産のそういう独立した変動を表現する言葉が複式簿記のなかにないからである。その変動を表現するためにはかれは相手科目を捜さなければならず，そうすることによって無意識のうちに棚卸資産増加の原因または結果を追求するようになるのである」（井尻［1968］150頁）という。そうすることで，「複式簿記のほんとうの重要性は……，その構造が財産変動における原因結果の関係を追求するようにわれわれに強制しわ

れわれのものの考え方に影響を及ぼすという点にある」(同,140頁) と指摘している。この意味において,「取引要素説」はまさに,取引の因果性にもとづいて複式記入による会計記録を思考させる理論的準拠枠であるといえる。したがって,取引要素の識別と要素間の結びつき方をどのように規定するかで,この理論が会計的思考にもたらす作用は決定され,そのように規定された会計的思考によって経済的思考は形成されることになるのである。

[参考文献]

アートン，ゲイリー［2012］「紐の国家：キープによるインカ帝国の行政」，島田泉・篠原謙一［編著］『インカ帝国――研究のフロンティア――』東海大学出版会，189-207頁。

網野徹哉［2008］『インカとスペイン 帝国の交錯』講談社。

アルベルティ，レオン・バッティスタ（池上俊一・徳橋曜［訳］）［2010］『家族論』講談社。

安藤英義［2002］「吉田良三『取引要素説』の形成」『一橋論叢』第128巻第5号，1-17頁。

安藤英義 他［執筆・編修］［2013］『新簿記』実教出版。

池上俊一［2007］『イタリア・ルネサンス再考――花の都とアルベルティ――』講談社学術文庫。

石川 謙［1949］『古往来についての研究――上世・中世における初等教科書の発達――』講談社。

石川松太郎［1988］『往来物の成立と展開』雄松堂出版。

井尻雄士［1968］『会計測定の基礎――数学的・経済学的・行動学的探求――』東洋経済新報社。

泉谷勝美［1964］『中世イタリア簿記史論』森山書店。

泉谷勝美［1973/74］「フィレンツェ一銀行家の会計記録（1211年）」『大阪経大論集』第95号，1-16頁，第96号，118-137頁，第97号，76-107頁。

泉谷勝美［1980］『複式簿記生成史論』森山書店。

泉谷勝美［1997］『スンマへの径』森山書店。

井上 清［1968］『ヨーロッパ会計史』森山書店。

臼井隆一郎［2001］「回帰する記憶のネットワークに向けて」臼井隆一郎・高村忠明［編］『記憶と記録』（シリーズ言語態4）東京大学出版会，1-6頁。

梅原 徹［1988］『近世の学校と教育』思文閣出版。

浦崎直浩［1993］「取引概念の拡大とその会計的認識――未履行契約の認識をめぐっ

て──」『會計』第143巻第4号，44-57頁。

江村　稔［1953］『複式簿記生成発達史』中央経済社。

大黒俊二［1983］「『商売の手引』，あるいは中世イタリア商人の『実務百科』」中村賢二郎［編］『都市の社会史』ミネルヴァ書房，244-269頁。

大黒俊二［1986］「『完全なる商人』，あるいはルネサンス商人の『百科全書』」，中村賢二郎［編］『歴史のなかの都市──続都市の社会史──』ミネルヴァ書房，338-359頁。

大黒俊二［1993］「（書評）Benedetto Cotrugli Rauseo: Il libro dell' arte di mercatura. a cura di Ugo Tucci, Venezia, 1990, pp.261」『イタリア学会誌』第43号，219-227頁。

大黒俊二［1995］「商人と文化──『ことば』をめぐって──」朝治啓三他『西洋中世史（下）──危機と再編』ミネルヴァ書房，259-284頁。

大黒俊二［2006］『嘘と貪欲──西欧中世の商業・商人観──』名古屋大学出版会。

大黒俊二［2010］『声と文字』岩波書店。

太田哲三［1940］「下野会計学の全貌」『會計』第46巻第1号，1-22頁。

太田哲三［1956］『会計学の四十年』中央経済社。

大塚宗春・川村義則 他［執筆・編修］［2013］『高校簿記』実教出版。

大貫良夫［1977］「トーテム・ポール：その社会的ならびに歴史的意味について」『民族学研究』第41巻第4号，317-329頁。

小倉榮一郎［1962］『江州中井家帖合の法』ミネルヴァ書房。

片岡泰彦［1988］『イタリア簿記史論』森山書店。

片岡泰彦［1996］「ベネデット・コトルリの『世界最初の複式簿記文献』について」『會計』第150巻第2号，125-139頁。

片岡泰彦［2007］『複式簿記発達史論』大東文化大学経営研究所。

片岡義雄［1956］『パチョーリ「簿記論」の研究』森山書店。

勝村栄之助［1889］『商用 簿記学原論』日本書籍会社。

亀長洋子［2001］『中世ジェノヴァ商人の「家」──アルベルゴ・都市・商業活動──』刀水書房。

川田順造［1992］『口頭伝承論』河出書房新社（復刻：平凡社ライブラリー『口頭伝承論』上・下，2001年）。

河原一夫［1977］『江戸時代の帳合法』ぎょうせい。

岸　悦三［1975］『会計生成史——フランス商事王令会計規定研究——』同文舘出版。

岸　悦三［1983］『会計前史——パチョーリ簿記論の解明——』同文舘出版。

北　政巳［1974］「産業革命期スコットランドの教育組織に関する一考察」『創価経済論集』第4巻第1号，49-79頁。

工藤栄一郎［2002］「簿記教授法と簿記理論の変遷と相互関係」『日本簿記学会年報』第17号，81-87頁。

工藤栄一郎［2008a］「制約としての複式簿記シンドローム」『日本簿記学会年報』第23号，101-106頁。

工藤栄一郎［2008b］「中世ヨーロッパにおける徴利と商人倫理」『熊本学園大学商学論集』第15巻第1・2号，55-66頁。

工藤栄一郎［2009］「記憶・記録・表示——会計機能の変容——」『海外事情研究』第36巻第2号，25-36頁。

工藤栄一郎［2010］「会計記録の本質に関する歴史的視点からの検討」『日本簿記学会年報』第25号，28-33頁。

工藤栄一郎［2011］『会計記録の基礎』中央経済社。

工藤栄一郎［2012］「明治初期における農業簿記教科書の登場とその社会的意味」『熊本学園大学商学論集』第17巻第1号，41-61頁。

工藤栄一郎・島本克彦［2012］「近代的簿記教育制度の到達点としての吉田良三『甲種商業簿記教科書』」『日本簿記学会年報』第27号，85-94頁。

久野光朗［1985］『アメリカ簿記史——アメリカ会計史序説——』同文舘出版。

黒澤　清［1949］『簿記原理』森山書店。

黒澤　清［1990］『日本会計制度発達史』財経詳報社。

慶應義塾［1907］『慶應義塾五十年史』慶應義塾。

小口好昭［1995a］「数と文字の祖形としてのトークン会計——ドゥニス・シュマント-ベッセラ理論の研究——」『経済学論纂』第36巻第1・2合併号，61-81頁。

小口好昭［1995b］「トークン会計の現代的意義」『會計』第184巻第2号，254-270頁。

小島男佐夫［1961］『複式簿記発生史の研究』森山書店。

小島男佐夫［1964］『簿記史論考』森山書店。

小島男佐夫［1965］『複式簿記発生史の研究　改訂版』森山書店。

小島男佐夫［1971］『英国簿記発達史』森山書店。

小島男佐夫［1974］「ダフォルネ第二の簿記書」大阪経済大学経営研究所［編］『経営経済の基調』森山書店，107-123頁。

小島男佐夫［1978］『会計史資料研究』大学堂書店。

小島男佐夫［1987］『会計史入門』森山書店。

小島男佐夫［1988］「ピール簿記書考」『商学論究』第26巻第2号，1-23頁。

児玉善仁［1993］『ヴェネツィアの放浪教師：中世都市と学校の誕生』平凡社。

小林登志子［2005］『シュメル―人類最古の文明』中公新書。

佐野善作［1897］『商業簿記教科書』同文舘。

シエサ・デ・レオン［2006］（増田義郎［訳］）『インカ帝国史』岩波文庫。

柴　健次［2002］『市場化の会計学――市場経済における制度設計の諸相――』中央経済社。

清水廣一郎［1975］「14世紀ピサにおける一公証人の活動」『史学研究』第101号，1-15頁。

清水廣一郎［1978］「中世末期イタリアにおける公証人の活動――資料としての公証人文書――」『公證法学』第7号，1-15頁。

清水廣一郎［1982］『中世イタリア商人の世界――ルネサンス前夜の年代記――』平凡社。

清水廣一郎［1985］「中世イタリア都市における公証人――民衆の法意識との関連で――」『史潮』第16巻，26-41頁。

清水廣一郎［1990］『イタリア中世の都市社会』岩波書店。

下野直太郎［1895］『簿記精理　第一編』下野直太郎。

シャルボニエ，ジョルジュ（多田智満子［訳］）［1970］『レヴィ＝ストロースとの対話』みすず書房。

ジャン，ジョルジュ（矢島文夫［監修］）［1990］『文字の歴史』創元社。

シャンド，アルレン（啊爾喠遝度）［述］海老原濟・梅浦精一［訳］［1873］『銀行簿記精法』（巻之一～巻之五）大蔵省。

白井佐敏［1980］『会計思想史序説――複式簿記と損益計算――』白桃書房。

圖師民嘉［1881］『簿記法原理』和泉屋市兵衛：甘泉堂（復刻版　雄松堂書店1981年）。

染田秀藤・友枝啓泰［1992］『アンデスの記録者ワマン・ポマ――インディオが描いた「真実」――』平凡社。

醍醐聰［監修］［2013］『簿記』東京法令出版。

高寺貞男［1982］『会計学アラカルト』同文舘出版。

竹田等［輯］［1882］『商用簿記学　全』竹田等。

竹田等［訳］［1884］『簿記学原論　全』丸屋善七。

田中藤一郎［1961］『複式簿記発展史論』評論社。

谷口知平・幾代通［1966］法律学全集25『戸籍法・不動産登記法』有斐閣。

玉置紀夫［2002］『起業家福澤諭吉の生涯──学で富み富て学び──』有斐閣。

ダルトロイ，テレンス・N［2012］「インカ帝国の経済的基盤」，島田泉・篠原謙一［編著］『インカ帝国──研究のフロンティア──』東海大学出版会，121-149頁。

チポッラ，カルロ・マリア（徳橋曜［訳］）［2001］『経済史への招待──歴史学と経済学のはざまへ──』国文社。

辻本雅史［2010］「『教育メディア史』試論──近世の『文字社会』と出版文化──」，辻本雅史［編］『知の伝達メディアの歴史研究──教育史像の再構築──』思文閣出版，3-25頁。

津守常弘［2002］『会計基準形成の論理』森山書店。

徳賀芳弘［1985］「会計的取引概念に関する一考察──会計理論における『取引』指向との関係を中心として──」『熊本商大論集』第31巻第1・2合併号，pp. 291-311。

徳賀芳弘［2008］「公正価値会計の意味」シャム・サンダー・山地秀俊［編著］『日本のもの造り組織指向の会計と国際会計』神戸大学経済経営研究所，121-164頁。

徳賀芳弘［2011］「会計利益モデルと純資産簿価モデル──フロー・ベースからストック・ベースへのパラダイム転換──」『企業会計』第63巻第1号，93-102頁。

徳橋　曜［1992］「中世イタリア商人の覚書」『地中海学研究』第15号，97-121頁。

徳橋　曜［1995］「中世末期のイタリアの教育と都市文化」『富山大学教育学部紀要A』第47号，45-57頁。

徳橋　曜［1996］「中世末期の公証人と商人文化について──スンマの生まれた文化的環境──」Accounting Arithmetic & Art Journal, No. 9, 2-6頁。

徳橋　曜［2000］「中世イタリアにおける都市の秩序と公証人」歴史学研究会［編］『紛争と訴訟の文化史』青木書店，263-296頁。

徳橋　曜［2006］「中世イタリアにおける公証人の位置づけ」『公證法学』第36号，47-75頁。

仲　　新［1949］『近代教科書の成立』講談社。
長友千代治［2002］『江戸時代の図書流通』思文閣出版。
中野常男［1992］『会計理論生成史』中央経済社。
中野常男［2002］「勘定組織の形成と複式簿記の誕生」岸悦三［編著］『近代会計の思潮』同文舘出版，25-33頁。
中野常男［編著］［2007］『複式簿記の構造と機能——過去・現在・未来——』同文舘出版。
西川孝治郎［1971］『日本簿記史談』同文舘出版。
西川孝治郎［1979］『日本簿記学生成史』雄松堂出版。
西川孝治郎［1982］『文献解題 日本簿記学生成史』雄松堂出版。
西川　登［1993］『三井家勘定管見——江戸時代の三井家における内部会計報告制度および会計処理技法の研究——』白桃書房。
西川　登［1996］「社史に見る西洋式簿記の導入」『商経論叢』第31巻第3号，99-135頁。
西川　登［2004］「日本産業の近代化と簿記——洋式簿記法の導入と在来簿記法——」『日本簿記学会年報』第19号，38-43頁。
沼田嘉穂［1956］『簿記教科書』同文舘。
沼田嘉穂［1962］『新版 近代簿記』中央経済社。
沼田嘉穂［1972］「複式簿記の導入法としての取引要素結合表」『會計』第101巻第2号，1-16頁。
橋本寿哉［2009］『中世イタリア複式簿記生成史』白桃書房。
原　俊雄［1996］「米国における近代的勘定分類の萌芽：Bryant = Stratton = Packard及びFolsomの所説を中心として」『産業経理』第56巻第2号，116-125頁。
東奭五郎［1903］『新案詳解・商業簿記』大倉書店。
東田全義［1991］「パチョーリ『スムマ』の形態と書誌記述——インキュナブラ（15世紀刊本）の一考察」『私立大学図書館協会会報』第96号，57-66頁。
久野秀男［1979a］『英米（加）古典簿記書の発展史的研究』学習院。
久野秀男［1979b］「英米古典簿記書研究拾遺」『経済論集』第16巻第1号，81-121頁。
土方　久［1986］『近代会計の基礎理論——ディナミッシェ・ビランツの研究——〔増

訂版〕』森山書店。

土方　久［2005］『複式簿記の歴史と論理――ドイツ簿記の16世紀――』森山書店。

土方　久［2008］『複式簿記会計の歴史と論理――ドイツ簿記の16世紀から複式簿記会計への進化――』森山書店。

土方　久［2012］『複式簿記生成史の研究――ドイツ固有の簿記とイタリア簿記の交渉と融合――』森山書店。

ジャン・ファヴィエ（内田日出海［訳］）［1997］『金と香辛料――中世における実業家の誕生――』春秋社。

ヘーゲル（長谷川宏訳）［1994］『歴史哲学講義（上）』岩波書店。

堀内正善［講述］［1887］『論理簿記学』専修学校。

本多芳郎［1972］「わが国公証人制度の歴史と現状」『公證法学』第1号，1-19頁。

前田貫一［1884］『農業簿記教授書』有隣堂。

前田　徹［2003］「メソポタミアの楔形文字」菊池徹夫編『文字の考古学』同成社，17-61頁。

牧野吉五郎［1968］『明治期啓蒙教育の研究』御茶の水書房。

松尾亮［纂訳］［1888］『記簿法解釈 全』中近堂蔵版。

松岡正剛［監修］編集工学研究所［構成］［1990］『情報の歴史』NTT出版。

松岡正剛［1996］『知の編集工学』朝日新聞社。

松岡正剛［2000］『知の編集術――発想・思考を生み出す技法――』講談社現代新書。

松本邁［1890］『簿記学講義 完』大日本中学会。

マホーニィ，マイケル・S（佐々木力［編訳］）［2007］『歴史の中の数学』ちくま学芸文庫。

三浦伸夫［2011］「パチョーリの代数学：手稿から刊本へ」『数理解析研究所講究録』第1787巻，201-211頁。

三島為嗣［1873］『造幣簿記之法』（雄松堂により1981年に復刻）。

三好信浩［1985］『日本商業教育成立史の研究――日本商業の近代化と教育――』風間書房。

三好信浩［1987］『商売往来の世界――日本型「商人」の現像をさぐる――』NHKブックス。

三好信浩［1992］『近代日本産業啓蒙書の研究』風間書房。

メニンガー，カール（内林正雄［訳］）［2001］『図説 数の文化史——世界の数字と計算法——』八坂書房。

茂木虎雄［1964］「複式簿記の形成論理の検討」『立教経済学研究』第18巻第3号，97-141頁。

森島修太郎［訳］［1878］『三菱商業学校 簿記学例題 完』森島氏蔵版。

森島修太郎［1891］『簿記学 第壱』金港堂。

森田熊太郎［1896］『実用普通簿記：営業篇』共益商社。

森村金造［1888］『簿記学原理 全』森村金造。

文部省［1875/76/77/78/79/80］『文部省第3年報〜第8年報』文部省。

山口 孝［1962］「フォルソム『勘定の論理』研究序説」『明大商学論叢』，第49巻第3号，43-61頁。

山下勝治［1950］『損益計算論——損益計算制度の発展——』（1974年復刻版）泉文堂。

山本義隆［2007］『16世紀文化革命』みすず書房。

吉田良三［1904］『最新 商業簿記学』同文舘。

吉田良三［1907］『最新 商業簿記』同文舘。

吉田良三［1912］『甲種商業簿記教科書［上巻］』［第三版：初版は1911年］同文舘。

吉田良三［1914a］『最新式 近世簿記精義』同文舘。

吉田良三［1914b］『最新式 近世商業簿記』同文舘。

吉田良三［1919］『最新式 近世商業簿記［改訂版］』同文舘。

吉田良三［1923］『最新式 近世商業簿記［第二回改訂］』同文舘。

吉田良三［1925］『改訂増補 近世簿記精義』同文舘。

吉田良三［1934］『商業簿記提要』同文舘。

ル・ゴフ（池田謙二・菅沼潤［訳］）［2005］『中世とは何か』藤原書店。

渡邉 泉［2008］『歴史から学ぶ会計』同文舘。

渡邉 泉［編著］［2013］『歴史から見る公正価値会計——会計の根源的な役割を問う——』森山書店。

AAA［1966］*A Statement of Basic Accounting Theory*, Evanston: American Accounting Association.（飯野利夫［訳］『アメリカ会計学会 基礎的会計理論』国元書房，1969年）

参考文献　● *211*

AICPA（AIA）[1953] *Accounting Terminology Bulletin, No. 1*, New York: American Institute of Accountants.（渡邊進・上村久雄［訳］『会計研究公報・会計用語公報』税務経理協会，1959年）

Aho, J. [2005] *Confession and Bookkeeping : The Religious, Moral, and Rhetorical Roots of Modern Accounting*, Albany: State University of New York Press.

Amiet, P. [1966] "Il y a 5000 ans les Elamites inventaient l'ecriture," *Archeologia*, No. 12, pp.16–23.

Anonymous [1980] "Did Accounting Antedate Writing ?" *The Accounting Historians Notebook*, Vo. 3, No. 1, p. 12.

Baxter, W. T. [1989] "Early Accounting : The Tally and the Checker-Board," *Accounting Historians Journal*, Vol. 16, No. 2, pp.43–83.

Bec, C. [1967] *Les marchands écrivains : affaires et humanisme à Florence, 1375-1434*, Paris: Mouton.

Bentley, H. C. and R. S. Leonard [1934/35] *Bibliography of Works on Accounting by American Authors*, 2 vols, New York: H.C. Bentley.

Bernal, J. D. [1965] *Science in History*, 3rd edition, London: C.A. Watts.（鎮目恭夫［訳］『歴史における科学』みすず書房，1966年）

Besta, F. [1922] *La Ragioneria*, 2a edizione, 3 vols, Milano: Casa Editrice Dottor Francesco Vallardi.

Black, R. [2007] *Education and Society in Florentine Tuscany : Teachers, Pupils and Schools, c. 1250-1500*, Leiden / Boston: Brill.

Brokaw, G. [2010] *A History of the Khipu*, Cambridge, Cambridge University Press.

Brown, R. [ed.] [1905] *History of Accounting and Accountants*, Edinburgh: T.C. & E.C. Jack.

Brown, R. G. and K. S. Johnston [1963] *Paciolo on Accounting*, New York: McGraw-Hill.

Brun, R. [1930] "A Fourteenth-Century Merchant of Italy," *Journal of Economic and Business History*, pp.451–466.

Bryant, H. B., H. D. Stratton and S.S. Packard [1861] *Bryant and Stratton's Common School Book-keeping ; Embracing Single and Double Entry,* …, New York: Ivison, Blakeman, Taylor.（福澤諭吉［訳］『帳合之法』初編（巻之壱・弐）・二編（巻之参・四），慶應義塾出版局，1873/74年）

Burke, P. [2000] *A Social History of Knowledge : From Gutenberg to Diderot*, Cambridge: Polity Press.（井山弘幸・木戸淳 [訳]『知識の社会史――知と情報はいかにして商品化したか――』新曜社，2004年）

Bywater, M. F. and B. S. Yamey [1982] *Historic Accounting Literature : A Companion Guide*, London: Scolar , Tokyo : Yushodo.

Carter, R. A. [1995] "The History of International Book Publishing, in Altbach," in P.G. and E. S. Hoshino (eds.), *An Encyclopedia, Garland Reference Library of Humanities*, Vol. 1562, New York, pp.156-163.

Castellani, A. [1952] *Nuovi testi fiorentini del Dugento: con introduzione, trattazione linguistica e glossario*, Firenze: Sansoni.

Chiaudano, M. e M. Moresco [1935] *Il cartolare di Giovanni Scriba: edizione pubblicata a cura della Confederazione Fascista dei Commercianti e del Municipio di Genova*, 2 vols, Torino: S. Lattes.

Clanchy, M. T. [1993] *From Memory to Written Record : England 1066-1307*, 2nd edition, Oxford; Cambridge: Blackwell.

Clarke D. A. [1974] "The First Edition of Pacioli's >Summa de Arithmetica< (Venice, Paganinus de Paganinis, 1494)," *Gutenberg Jahrbuch*, pp.90-92.

Cipolla, C. M. [1969] *Literacy and Development in the West*, Baltimore: Md.: Penguin Books.（佐田玄治 [訳]『読み書きの社会史――文盲から文明へ――』お茶の水書房，1983年）

Cipolla, C. M. [1973] "The Professions, the Long View," *The Journal of European Economic History*, Vol. 2, No. 1, pp.37-52.

Crivelli, P. [1924] *An Original Translation of the Treatise on Double-entry Bookkeeping, by Frater Lucas Pacioli, printed in Italian black letter, and published in Venice in 1494*, London: Institute of Book-Keepers.

Cronhelm F. W. [1818] *Double Entry by Single : a New Method of Book-keeping, Applicable to All Kinds of Business*, ……, London: Longman, Hurst, Rees, Orme and Brown.

Crosby, A. W. [1997] *The Measure of Reality : Quantification and Western Society, 1250-1600*, Cambridge/New York: Cambridge University Press.（小沢千重子 [訳]『数量化革命――ヨーロッパ覇権をもたらした世界観の誕生――』紀伊國屋書店，2003年）

Dafforne, R. [1635] *The Merchants Mirrour : or, Directions for the Perfect Orderinf and Keeping of his Accounts ;* ……, London.

Dafforne, R. [1670] *The Apprentices Time-Entertainer Accomptantly : or A Methodical means to obtain the Exquisite Arte of Accomptantship* : ……, 3rd edition, London.

de Roover, F. E. [1934] *Glossary of Mediaeval Terms in Business : Italian Series, 1200-1600*, Cambridge: Mediaeval Academy of America.

de Roover, F. E. [1940] "The Business Records of an Early Genoese Notary, 1190-1192," *Bulletin of the Business Historical Society*, Vol. 14, No. 3, pp.41-46.

de Roover, F. E. [1941] "Partnership Accounts in Twelfth Century Genoa," *Bulletin of Business Historical Society*, Vol. 15, No. 6, pp.87-92.

de Roover, R. [1938] "Characteristics of Bookkeeping before Paciolo," *The Accounting Review*, Vol. 13, No. 2, pp.144-149.

de Roover R. [1948] *The Medici Bank ; Its Organization, Management, Operations, and Decline*, New York: New York University Press.

de Roover, R. [1956] "The Development of Accounting Prior to Luca Pacioli : According to the Account-books of Medieval Merchants," in Littleton, A. C. and B. S. Yamey [1956] , pp.114-174.

Dicksee, L. R. [1921] *The Fundamentals of Accountancy*, Part One, London: Gee.

Diringer, D. [1982] *The Book before Printing : Ancient, Medieval and Oriental*, New York: Dover Publications, (originally published in 1953 under the title *The Hand-Produced Book*, Hutchinson's Scientific and Technical Publications, 1953).

Dore, R. P. [1965] *Education in Tokugawa Japan*, London: Routledge & Kegan Paul. (松井弘道 [訳]『江戸時代の教育』岩波書店)

Douglas, L. V. [1963] *Business Education, Washington*, D. C.: Center for Applied Research in Education.

Dunlop, A. B. G. [1961] "Pacioli's Summa de Arithmetica," *The Accountants' Magazine*, Vol. LXV, No. 663, pp.694-702.

Dunlop, A. B. G. [1985] "Bibliographical Note on Examples of Pacioli's *Summa* (1494) in Scotland," *Abacus*, Vol.21, No.2, pp.149-173.

Eisenstein, E. L. [1983] *The Printing Revolution in Early Modern Europe*, Cambridge: Cambridge University Press. (別宮貞徳 [監訳]『印刷革命』みすず書房, 1987年)

Epstein, S. A. [1994] "Secrecy and Genoese Commercial Practice," *Journal of Medieval History*, Vol. 20, Issue 4, pp.313-325.

Epstein, S. A. [1996] *Genoa & The Genoese, 958-1528*, Chapel Hill N.C.: University of North Carolina Press.

Feather, J. [2006] *A History of British Publishing*, 2nd edition, New York: Routledge.

Febvre, L. and Martin, H. -J. [1976] *The Coming of the Book*, London: N.L.B, (originally *L'Apparition du live*, Paris: Albin Michel, 1958). (関根素子 他 [訳]『書物の出現（上・下）』筑摩書房, 1985年)

Février, J. G. [1948] *Histoire de l'écriture*, Paris: Payot.

Fischer, S. L. [2001] *A History of Writing*, London: Reaktion Books. (鈴木晶 [訳]『文字の歴史——ヒエログリフから未来の「世界文字」まで』研究社, 2005年)

Folsom, E. G. [1873] *The Logic of Accounts ; A New Exposition of the Theory and Practice of Double-Entry Bookkeeping, based on Value,* ……, New York / Chicago: A.S. Barnes.

Garbutt, D. [1981] "The Origins of Accounting and Writing," *The Accounting Historians Notebook*, Vol. 4, No. 2, pp.10-11.

Gaur A. [1984] *A History of Writing*, London: British Library. (矢島文夫・大城光正 [訳]『文字の歴史：起源から現代まで』原書房, 1987年)

Geijsbeek, J. B. [1914] *Ancient Double-Entry Bookkeeping : Lucas Pacioli's Treatise reproduced and translated with reproductions, notes and abstracts from Manzoni, Pietra, Mainardi, Ympyn, Stevin and Dafforne*, Denver: John B. Geijsbeek.

Goldberg, L. [1965] *An Inquiry into the Nature of Accounting*, Iowa City: American Accounting Association.

Goldberg, L. [1980] "More on the Question of Whether Accounting Antedated Writing," *The Accounting Historians Notebook*, Vol. 3, No. 2, p. 12.

Goldberg, L. (edited by Leech, S. A.) [2001] *A Journey into Accounting Thought*, London / New York: Routledge. (工藤栄一郎 [訳]『ゴールドバーグの会計思想』中央経済社, 2005年)

Gordon, C. [1956] "The first English Books on Book-keeping," in Littleton, A. C. and B. S. Yamey [1956], pp.202-205.

Grandell, A. [1977] "The Reckoning Board and Tally Stick," *The Accounting Historians Journal*, Vol. 4, No. 1, pp.101-105.

Grendler, P. F. [1989] *Schooling in Renaissance Italy: Literacy and Learning 1300-1600*, Baltimore: John Hopkins University Press.

Grimm, R. E. [1973] "Autobiography of Leonardo Pisano," *Fibonacci Quarterly*, No. 11, pp.99-104.

Guaman Poma [1615] *Nueva Corónica y Buen Gobierno*, on website of Det Kongelige Bibliotek, http://www.kb.dk/permalink/2006/poma/info/en/foreword.htm.

Hain, H. P. [1980] *Uniformity and Diversity; The Development of Classification Concepts in Double Entry Accounting*, Vol. 1 and 2, New York: Arno Press.

Hay, C. [ed.] [1988] *Mathematics from Manuscript to Print, 1300-1600*, Oxford: Clarendon Press.

Hopwood, A. G., P. Miller [eds.] [1994] *Accounting as Social and Institutional Practice*, Cambridge / New York: Cambridge University Press.（岡野浩・國部克彦・柴健次［監訳］『社会・組織を構築する会計：欧州における学際研究』中央経済社，2003年）

Hoskin, K. and R. Macve [1994] "Writing, Examining, Disciplining : the Genesis of Accounting's Modern Power," in Hopwood and Miller [1994], pp.67-97.（澤邉紀生［訳］「近代的な会計権力の起源：書き，調べ，躾けること」，岡野・國部・柴［監訳］［2003］，75-119頁所収）

Hunt, E. S. & J. M. Murray [1999] *A History of Business in Medieval Europe: 1200-1550*, Cambridge: Cambridge University Press.

Ifrah, G. [1981] *Histoire universelle des chiffres*, Paris: R. Laffont.（松原秀一・彌永昌吉［監修］彌永みち代・丸山正義・後平隆［訳］『数字の歴史：人類は数をどのように数えてきたか』平凡社，1988年）

Jackson, J. G. C. [1956] "The History of Methods of Exposition of Double-entry Book-keeping in England," in Littleton A. C. and B. S. Yamey [1956], pp.288-312.

Jacobsen, L. E. [1983] "Use of Knotted String Accounting Records in Old Hawaii and Ancient China," *The Accounting Historians Journal*, Vol. 10, No. 2, pp.53-61.

Jasim, S. A. and J. Oates [1986] "Early Tokens and Tablets in Mesopotamia : New Information from Tell Abada and Tell Brak," *World Archaeology*, Vol. 17, No. 3, pp.348-362.

Jones, T. [1841] *The Principles and Practice of Book-keeping, Embracing an Entirely New and Improved Method of Imparting the Science* ; ......, New York.

Jones, T. B. [1956] "Bookkeeping in Ancient Sumer," *Archaeology*, No. 9, pp.16-21.

Kataoka, Y. [2006] "A Re-examination of the Double-Entry Bookkeeping Theory of Benedetto Cotrugli," Research Paper No. E-38, Institute of Business Research, Daito Bunka University.

Kats, P. [1926] "Hugh Oldcastle and John Mellis-I·II," *The Accountant*, Vol. 74, No. 2677, pp. 483-487, Vol. 74, No. 2682, pp.641-648.

Kats, P. [1930] "James Peele's Maner and Fourme," *The Accountant*, Vol. 82, No. 2875, pp. 41-44, No. 2876, pp. 81-91 and No. 2787, pp.119-122.

Lane, F. C. [1945] "Venture Accounting in Medieval Business Management," *Bulletin of the Business History Society*, Vol. 19, No. 5, pp.164-173.

Lane, F. C. [1977] "Double Entry Bookkeeping and Resident Merchants," *The Journal of European Economic History*, Vol. 6, No. 1, pp.177-191.

Lee, G. A. [1972] "The Oldest European Account Book : A Florentine Bank Ledger of 1211," *Nottingham Mediaeval Studies*, Vol. 16, pp.28-60.

Lee, G. A. [1973a] "The Florentine Bank Ledger Fragments of 1211 : Some New Insights," *Journal of Accounting Research*, Vol. 11, No. 1, pp.47-61.

Lee, G. A. [1973b] "The Development of Italian Bookkeeping 1211-1300," *Abacus*, Vol. 9, No. 2, pp.137-155.

Lee, G. A. [1977] "The Coming of Age of Double Entry : The Giovanni Farolfi Ledger of 1299-1300," *The Accounting Historians Journal*, Vol. 4, No. 2, pp.79-96.

Lee, G. A. [1989] "Manuscript Additions to the Edinburgh University Copy of Luca Pacioli's *Summa de Arithmetica*," *Abacus*, Vol. 25, No.2, pp.125-134.

Littleton, A. C. [1923] "An Appraisal of the Balance Sheet Approach," *Papers and Proceedings, The American Association of University Instructions in Accounting*, Vol. 7, No. 1, pp.85-92.

Littleton, A. C. [1931] "A Cost Approach to Elementary Bookkeeping," *The Accounting Review*, Vol. 6, No. 1, pp.33-37.

Littleton, A. C. [1933] *Accounting Evolution to 1900*, New York: American Institute

Publishing. (片野一郎 [訳]『リトルトン会計発達史』同文舘出版, 1952年)

Littleton, A. C. [1953] *Structure of Accounting Theory*, Urbana: American Accounting Association. (大塚俊郎 [訳]『会計理論の構造』東洋経済新報社, 1955年)

Littleton, A. C. [1955] "The Logic of Accounts," *Accounting Review*, Vol. 30, No. 1, pp.45-47.

Littleton, A. C. and B. S. Yamey [eds.] [1956] *Studies in the History of Accounting*, Homewood: R.D. Irwin.

Lopez, S. R. [1976] *The Commercial Revolution of the Middle Age, 950-1350*, Cambridge: Cambridge University Press. (宮松浩憲 [訳]『中世の商業革命: ヨーロッパ950—1350』法政大学出版局, 2007年)

Lopez, S. R. and W. R. Irving [1955] *Medieval Trade in the Mediterranean World : Illustrative Documents Translated with Introductions and Notes*, New York: Columbia University Press.

Macve, R. H. [1996] "Pacioli's Legacy," in Lee, T. A., A. Bishop and R. H. Parker eds., *Accounting History from the Renaissance to the Present: A Remembrance of Luca Pacioli*, New York and London, pp.3-30.

Malcolm A. [1718] *A New Treatise of Arithmetik and Book-keeping*, ……, Edinburgh.

Malcolm A. [1731] *A Treatise of Book-keeping, or, Merchants Accounts ; in the Italian Method of Debtor and Creditor*, ……, London.

Man, J. [2002] *Gutenberg : How One Man Remade the World with Words*, New York: J. Wiley & Sons. (田村勝省 [訳]『グーテンベルクの時代——印刷術が変えた世界——』原書房, 2006年)

Manacorda, G. [1914] *Storia della scuola in Italia, Il medio evo*, Milano: R. Sandron.

Manzoni D. [1540] *Qvaderno doppio col suo gionale, novamente composto*, ……, Venezia.

Martin, H-J. [1994] *The History and Power of Writing*, Chicago: University of Chicago Press. (originally published in 1988 as *Histoire et pouvoirs*, Paris: Perrin, 1988).

Martinelli, A. [1974] "The Origination and Evolution of Double Entry Bookkeeping to 1440," Dissertation for Ph. D., North Texas State University.

Martinelli, A. [1977a] "Notes on the Origin of Double Entry Bookkeeping," *Abacus*, Vol. 13, No. 1, pp.3-27.

Martinelli, A. [1977b] "Business Ventures in Genoa During the Twelfth Century (1156-1158)," *The Accounting Historians Journal*, Vol. 4, No. 1, pp.55-68.

Mattessich, R. [1987] "Prehistoric Accounting and the Problem of Representation : On Recent Archeological Evidence of the Middle-East from 8000 B. C. to 3000 B. C.," *The Accounting Historians Journal*, Vol. 14, No. 2, pp.71-91.

Mattessich, R. [1989] "Accounting and the Input-Output Principles in the Prehistoric and Ancient World," *Abacus*, Vol. 25, No. 2, pp.74-84.

Mattessich, R. [1994] "Archaeology of Accounting and Schmandt-Besserat's Contribution," *Accounting Business and Financial History*, Vo. 4, No. 1, pp.5-28.

Mattessich, R. [1995] "Counting, Accounting, and the Input-Output Principle : Recent Archeological Evidence Revising Our View on the Evolution of Early Record Keeping," in Graves, O. F. [ed.] *The Costing Heritage : Studies in Honor of S. Paul Garner*, Harrisonburg: Academy of Accounting Historians, pp. 25-49.

Mattessich, R. [1998] "Recent Insights into Mesopotamian Accounting of the 3rd Millennium B. C. … Successor to Token Accounting," *The Accounting Historians Journal*, Vol. 25, No. 1, pp.1-27.

Mattessich, R. [2000] *The Beginnings of Accounting and Accounting Thought : Accounting Practice in the Middle East (8000 B. C. to 2000 B. C.) and Accounting Thought in India (300 B. C. and the Middle Ages)*, New York: Garland.

Melis, F. [1950] *Storia della ragioneria : Contributo alla conoscenza e interpretazione delle fonti più significative della storia economica*, Bologna: C. Zuffi.

Mellis, J. [1588] *A Briefe Instruction and Maner How to Keepe Bookes of Accomts* ……, London.

Mepham, M. J. [1988a] "The Scottish Enlightenment and the Development of Accounting," *The Accounting Historians Journal*, Vol. 15, No. 2, pp.151-176.

Mepham, M. J. [1988b] *Accounting in Eighteenth Century Scotland*, New York: Garland Publishing.

Miller, P. and T. O'Leary [1994] "Governing the Calculable Person," in Hopwood and Miller [1994], pp.98-115. (國部克彦 [訳]「人間を計算可能にして統治する

こと」,岡野・國部・柴［監訳］［2003］,121-140頁所収)

Monaci, E. [1889] *Crestomazia italiana dei primi secoli con prospetto grammaticale e glossario*, (new edition in 1955), Roma/Napoli: Città di Castello/Società Editrice Dante Alighieri.

Most, K. [1981] "Accounting and the Invention of Writing," *The Accounting Historians Notebook*, Vol.4, No. 1, p. 4.

Mouck, T. [2004] "Ancient Mesopotamian Accounting and Human Cognitive Evolution," *The Accounting Historians Journal*, Vol. 31, No. 2, pp.97-124.

Murray, D. [1930] *Chapters in the History of Bookkeeping Accountancy & Commercial Arithmetic*, Glasgow: Jackson Wylie.

Nissen, H. J., P. Damerow and R. K. Englund [1993] *Archaic Bookkeeping : Early Writing and Techniques of Economic Administration in the Ancient Near East*, Chicago / London: University of Chicago Press. (originally published in 1990 *Frühe Scrift und Techniken der Wirtschaftsverwaltung im alten Vorderen Orient : Infoermationsspeicherung und -verarbeitung vor 5000 Jahren, verlag franzbecker.*)

Ong, W. J. [1982] *Orality and Literacy : The Technologizing of the World*, London / New York: Routledge. (桜井直文・林正寛・糟谷啓介［訳］『声の文化と文字の文化』藤原書店,1991年)

Oppenheim, A. L. [1959] "On an Operational Device in Mesopotamian Bureaucracy," *Journal of Near Eastern Studies*, No. 18, pp.121-128.

Origo, I. [1957] T*he Merchant of Prato : Francesco di Marco Datini*, London: Jonathan Cape. (篠田綾子［訳］徳橋曜［監修］『プラートの商人——中世イタリアの日常生活——』白水社,1997年)

Pacioli, L. [1494] *Summa de Arithmetica, Geometria, Proportioni et Proportionalita*, Venezia (facsimile reprint by Yushodo, 1989).

Peele, J. [1553] *The maner and fourme how to kepe a perfecte reconyng, after the order of the moste worthie and notable accomte, of Debitour and Creditour :* ……, London.

Peele, J. [1569] *The Pathewaye to prerfectnes, in th'accomptes of Drbitour and Creditour :* ……, London.

Penndorf, B. [1913] *Geschichte der Buchhaltung in Deutschland*, Leipzig: G.A. Gloeckner.

Penndorf, B. [1933] *Luca Pacioli Abhandlung ber die Buchhaltung 1494*, Stuttgart: C.E. Poeschel.

Peragallo, E. [1938] *Origin and Evolution of Double Entry Bookkeeping : A Study of Italian Practice from the Fourteenth Century*, New York: American Institute.

Peragallo, E. [1977] "The Ledger of Jachomo Badoer : Constantinople September 2, 1436 to February 26, 1440," *The Accounting Review*, Vol. 52, No. 4, pp.881-892.

Pirenne, H. [1927] *Les villes du moyen âge : essai d'histoire économique et sociale*, Bruxelles: Maurice Lamertin.（佐々木克美［訳］『中世都市——社会経済史的試論——』創文社，1970年）

Previts, G. J. and B. D. Merino [1979] *A History of Accounting in America : An Historical Interpretation of the Cultural Significance of Accounting*, New York: Wiley.（大野功一・岡村勝義・新谷典彦・中瀬忠和［訳］『プレビッツ＝メリノ アメリカ会計史——会計の文化的意義に関する史的解釈——』同文舘出版，1983年）

Previts, G. J. and B. D. Merino [1998] *A History of Accountancy in the United States, The Cultural Significance of Accounting*, Columbus: Ohio State University Press.

Quilter J. and G. Urton [edited] [2002] *Narrative Threads: Accounting and Recounting in Andean Khipu*, Austin: University Texas Press.

Radding, C. M. [ed. and translated] [1995] *Writers and Readers in Medieval Italy : Studies in the History of Written Culture*, New Haven: Yale University Press.

Richardson, B. [1999] *Printing, Writers and Readers in Renaissance Italy*, Cambridge/New York: Cambridge University Press.

Robinson, A. [1995] *The Story of Writing ; with over 350 illustrations, 50 in colour*, London: Thames & Hudson.（片山陽子［訳］『[図説]文字の起源と歴史——ヒエログリフ・アルファベット・漢字』創元社，2006年）

Sangster, A. [2007] "The Printing of Pacioli's *Summa* in 1494: How Many Copies Were Printed," *Accounting Historians Journal*, Vol. 34, No.1, pp.125-145.

Sangster, A. and G. Scataglinibelghitar [2010] "Luca Pacioli: The Father of Accounting Education," *Accounting Education: an international journal*, Vol. 19, No. 4, pp.423-438.

Sangster, A., G. N. Stoner and P. McCarthy [2008] "The Market for Luca Pacioli's Summa Arithmetica," *Accounting Historians Journal*, Vol. 35, No.1, pp.111-134.

Santini, P. [1887] "Frammenti di un libro di banchieri fiorentini scritto in volgare nel 1211," *Geiornale Storico della Letteratura Italiana*, Vol. 10, pp.161-177.

Schiaffini, A. [1926] *Testi fiorentini del dugento e dei primi del trecenti*, Firenze: G.C. Sansoni.

Schmandt-Besserat, D. [1992] *Before Writing, Volume I : From Counting to Cuneiforme*, Austin: University of Texas Press.

Schmandt-Besserat, D. [1996] *How Writing Came About*, Austin: University of Texas Press, (小口好昭・中田一郎 [訳]『文字はこうして生まれた』岩波書店, 2008年)

Sieveking, H. [1901] "Aus venetianischen Handlungs-büchern; Ein Beitrag zur Geschichte des Großhandels im 15. Jahrhundert," *Jahrbuch für Gesetzgeburg, Verwaltung und Volkswirtschaft im Deutchen Reiche*, Leipzig.

Sigler, L. E. [2002] *Fibonacci's Liber abaci : a translation into modern English of Leonardo Pisano's Book of calculation*, New York: Springer.

Smith, D. E. [1924] "The First Printed Arithmetic," *ISIS*, Vol. 6, No. 3, pp.311-331.

Smith, D. E. [1926] "The First Great Commercial Arithmetic," *ISIS*, Vol. 8, No. 1, pp.41-49.

Solomons, D. [1952] "The Historical Development of Costing," in Solomons [ed.], *Studies in Costing*, London: Sweet & Maxwell, pp.1-52.

Sprague, C. E. [1908] *The Philosophy of Accounts*, NewYork : Charles Ezra Sprague.

Taylor, R. E. [1942] *No Royal Road: Luca Pacioli and his times*, (reprint 1980, New York: Arno Press).

Thompson, G. [1991] "Is Accounting Rhethorical? Methodology, Luca Pacioli and Printing," *Accounting, Organizations and Society*, Vol.16, No. 5/6, pp.573-599.

Tucci, U. [ed.] [1990] *Benedetto Cotrugli (Rauseo) : Il libro dell'arte di mercatura*, Venezia: Arsenale.

Urton, G. [2003] *Signs of the Inka Khipu: Binary Coding in the Andesu Knotted-String Records*, Austin: University of Texas Press.

Urton, G. and C. J. Brezine [2005] "Khipu Accounting in Ancient Peru," *Science*, Vol.309, 12 August 2005, pp.1065-1067.

van Egmond, W. [1976] "The Commercial Revolution and the Beginnings of

Western Mathematics in Renaissance Florence, 1300-1500," Ph. D. dissertation, Indiana Universssity.

van Egmond, W. [1988] "How Algebra came to France," in Hay [1988], pp.127-144.

Var, T. [1979] "The Ledger of Giacomo Badoer (1436-39) and the Eastern Trade," *Accounting History*, Vol. 1 , No. 2, pp.6-22.

Villani, G. [1991] *Nuova cronica*, edizione critica a cura di Giuseppe Porta, Vol. 3, Palma: Fondazione Pietro Bembo: Ugo Guanda.

Woolf, A. H. [1912] *A Short History of Accountants and Accountancy*, London: Gee. (片岡義雄・片岡泰彦[訳]『ウルフ会計史』法政大学出版局, 1977年)

Yamey, B. S. [1979] "Oldcastle, Peele and Mellis : a Case of Plagiarism in the Sixteenth Century," *Accounting and Business Research*, Vol. 9, No. 35, pp.209-216.

Yamey, B. S. [1980] "Peele's Two Treatises in Context, Peeles The Pathe Way," reprinted by Kojima, O. and B. S. Yamey, Appendix II, pp.81-113.

Yamey, B. S. [1981] "The 'Partimenti' Account : A Discarded Practice," *Abacus*, Vol. 17, No. 1, pp.3-7.

Yamey, B. S. [1982] "Some Reflections on the Writing of a General History of Accounting," *Accounting and Business Research*, Vol. 11, No. 42, pp.127-135.

Yamey, B. S., H. C. Edey and H. W. Thomson [1963] *Accounting in England and Scotland : 1543-1800*, London: Sweet & Maxwel.

Yeakel, J. A. [1983] "The Accountant-Historians of the Incas," *The Accounting Historians Journal*, Vo. 10, No. 2, pp.39-51.

索　引

数字

1211年の勘定記録 …………………… 70

あ行

相手勘定 …………………………………… 96
アバコ ………………………………… 55, 56
アメリカの商業教育 ………………… 150
アルゴリズモ ………………………… 55, 56
アルテ ……………………………………… 41
アルベルティ ……………………………… 52
インカ帝国 ………………………………… 22
因果的複式簿記 ………………………… 198
インキュナブラ ………………………… 102
インド・アラビア数字 ……………… 57, 111
インピン ………………………………… 113
ウェディントン ………………………… 114
エンコード ………………………………… 32
往来物 ……………………………………… 61
大蔵省 …………………………………… 171
オールドキャッスル ………………… 112, 121

か行

会計 ………………………………… 13, 32
会計記録 ………… 3, 14, 30, 31, 34, 37, 66
楽譜 ……………………………………… 15
貸方 ………………… 95, 96, 121, 123, 135
価値 …………………………………… 154
価値の交換 …………………………… 157
学校教育 ……………………………… 173
活版印刷 ………………………… 21, 102
借方 ………………… 95, 96, 121, 123, 135
勘定 ……………………………………… 66
観念価値 ……………………………… 155

官吏 ……………………………………… 48
キープ …………………………………… 22
キープカマヨック ……………………… 24, 26
記憶 …………………………… 14, 17, 21
記憶の外部化 ………………………… 14, 18
記憶の伝達不能 ………………………… 15
記憶補助 ………………………………… 14
擬人的受渡説 ………………………… 125, 139
棋譜 ……………………………………… 15
客観化 …………………………………… 14
教科書 ………………… 106, 152, 173, 175
記録 ………………………………… 3, 32, 33
記録への執念 ………………………… 43, 53
記録を伴わない会計 …………………… 14
銀行家 …………………………………… 69
銀行簿記精法 ………………………… 174
クロンヘルム ………………………… 136
経験 …………………………… 14, 32, 34
計算具 …………………………………… 27
契約 ……………………………………… 43
権力 ………………………………… 7, 30
公証人 …………………………… 40, 68, 85
公証力 …………………………………… 44
公正価値 ………………………………… 1, 37
声 ……………………………………… 18
コード ……………………………………… 31
コストアプローチ ……………………… 144
古拙文字 ………………………………… 30
国家 ……………………………………… 6
コトルリ ……………………………… 107
コミュニケーション …………………… 15, 31
コムーネ ………………………………… 40
コンプレックス・トークン ……………… 28

さ行

財務報告 …………………………… 1, 37
事実 ………………………………… 3, 13
渋澤栄一 ……………………………… 172
下野直太郎 ……………………… 183, 186
社会的信用 …………………………… 85
写本 …………………………………… 103
シャンド ……………………………… 171
自由職業者 ………………………… 41, 48
手稿本 ………………………………… 76
シュマン＝ベセラ …………………… 27
純資産簿価モデル …………………… 36
商業革命 …………………………… 47, 65
商業価値 ……………………………… 155
商業算術 ……………………………… 58
証書 …………………………………… 19
商人 ………………… 47, 52, 54, 60, 63, 85
商売往来 ……………………………… 62
情報化 ………………………………… 34
商法講習所 …………………………… 175
情報貯蔵 ………………………… 14, 17, 34
ジョーンズ …………………………… 139
ジョバンニ・スクリーバ ………… 44, 68
仕訳帳アプローチ ……………… 117, 133
仕訳の一般法則 ……………… 118, 120, 124
塵劫記 ………………………………… 62
人名勘定 ……………………………… 79
信用状 ………………………………… 46
スコアブック ………………………… 15
圖師民嘉 ……………………………… 180
スプレイグ …………………………… 142
スンマ ………………………………… 105
西洋式複ући簿記 ……………………… 170
造幣寮 ………………………………… 170
俗語 …………………………… 48, 55, 105

た行

第一国立銀行 ………………………… 171
貸借対照表アプローチ ………… 117, 142
貸借二重記録 ………………………… 94
ダフォーン ……………………… 128, 130
タリー ………………………………… 22
知識移転 ……………………………… 110
帳合之法 ………………………… 152, 173
ディクシー …………………………… 2
寺子屋 ………………………………… 60
等価交換 ……………………………… 153
登記 …………………………………… 7
登記簿 ………………………………… 7
トークン …………………………… 5, 6, 27
トーテムポール ……………………… 5
取引要素説 ……………… 182, 187, 190, 198

な行

二重記録 ……………………………… 91
沼田嘉穂 ……………………………… 196

は行

パチョーリ ……………………… 105, 112, 118
ピール ………………… 113, 114, 124, 126
ビッラーニ …………………………… 54
評価 …………………………………… 1
標準化 ………………………………… 104
ピレンヌ ……………………………… 54
フィボナッチ …………………… 57, 106
封球 …………………………………… 27
フォルサム ……………………… 147, 180
福澤諭吉 ……………………………… 152
複式記入 ……………………… 90, 91, 98
複式簿記 ………………………… 82, 90
不動産登記 …………………………… 7
ブラガ ………………………………… 170

振替記入……………………………83
プレイン・トークン……………28
文書主義……………………………43
編集………………………… 3, 16, 33
ホイットニー……………………… 152
法曹…………………………………41
簿記…………………………………14

　ま　行

マネット・パサリペット勘定………83
マルコム…………………………… 134
マンツォーニ……………………… 120
無文字文化社会……………………23
メゼレ・カンチエリエリ勘定………80
メリス…………………………112, 122
文字……………………… 5, 6, 17, 21, 30, 31

文字の人……………………………52
元帳アプローチ…………… 117, 134, 149
もの書き商人………………………52
物語………………………………… 3, 8
森島修太郎………………… 180, 183

　や　行

吉田良三………………………… 187

　ら　行

ラテン語………………… 41, 46, 53, 56
リストロ・カフェレーリ勘定………79
リストロ・ジャコピーノ勘定………81
リテラシー……………… 48, 51, 59, 111
リニエリ・フィニーの元帳…………94
歴史………………………………2, 3, 32

〈著者紹介〉

工藤　栄一郎（くどう　えいいちろう）

1962年　熊本市生まれ
1990年　西南学院大学大学院経営学研究科博士後期課程満期退学
1990年　鹿児島経済大学経済学部専任講師
1994年　鹿児島経済大学経済学部助教授
1996年　熊本学園大学商学部助教授
2001年　熊本学園大学商学部教授
2015年　西南学院大学商学部教授（現在に至る）
2003-04年　メルボルン大学会計およびビジネス情報システム学科客員研究員

【著書】『貸借対照表能力論』（分担執筆）税務経理協会，1993年
　　　　『近代会計と複式簿記』（分担執筆）税務経理協会，2003年
　　　　『新版 複式簿記入門』（共著）中央経済社，2006年
　　　　『スタンダードテキスト財務会計論』（分担執筆）中央経済社，2007年
　　　　『会計記録の基礎』中央経済社，2011年

【訳書】『FASB 財務会計の概念フレームワーク』（分担執筆）中央経済社，1997年
　　　　『ゴールドバーグの会計思想』中央経済社，2005年

会計記録の研究

2015年5月10日　第1版第1刷発行
2018年8月30日　第1版第2刷発行

著　者　　工　藤　栄一郎
発行者　　山　本　　　継
発行所　　㈱中央経済社
発売元　　㈱中央経済グループ
　　　　　パブリッシング

〒101-0051　東京都千代田区神田神保町1-31-2
電話　03（3293）3371（編集代表）
　　　03（3293）3381（営業代表）
http://www.chuokeizai.co.jp/
印刷／文唱堂印刷㈱
製本／誠　製　本　㈱

©2015
Printed in Japan

＊頁の「欠落」や「順序違い」などがありましたらお取り替えいた
しますので発売元までご送付ください。（送料小社負担）
ISBN978-4-502-13751-8　C3034

JCOPY〈出版者著作権管理機構委託出版物〉本書を無断で複写複製（コピー）することは，
著作権法上の例外を除き，禁じられています。本書をコピーされる場合は事前に出版者
著作権管理機構（JCOPY）の許諾を受けてください。
　JCOPY〈http://www.jcopy.or.jp　eメール：info@jcopy.or.jp　電話：03-3513-6969〉

―■おすすめします■―

学生・ビジネスマンに好評
■最新の会計諸法規を収録■

新版 会計法規集

中央経済社編

会計学の学習・受験や経理実務に役立つことを目的に，最新の会計諸法規と企業会計基準委員会等が公表した会計基準を完全収録した法規集です。

《主要内容》

会計諸基準編＝企業会計原則／外貨建取引等会計基準／研究開発費等会計基準／税効果会計基準／減損会計基準／自己株式会計基準／一株当たり当期純利益会計基準／役員賞与会計基準／純資産会計基準／株主資本等変動計算書会計基準／事業分離等会計基準／ストック・オプション会計基準／棚卸資産会計基準／金融商品会計基準／関連当事者会計基準／四半期会計基準／リース会計基準／工事契約会計基準／持分法会計基準／セグメント開示会計基準／資産除去債務会計基準／賃貸等不動産会計基準／企業結合会計基準／連結財務諸表会計基準／研究開発費等会計基準の一部改正／変更・誤謬の訂正会計基準／包括利益会計基準／退職給付会計基準／原価計算基準／監査基準 他

会 社 法 編＝会社法・施行令・施行規則／会社計算規則

金融商品取引法編＝金融商品取引法・施行令／企業内容等開示府令／財務諸表等規則・ガイドライン／連結財務諸表規則・ガイドライン／四半期財務諸表等規則・ガイドライン／四半期連結財務諸表規則・ガイドライン 他

関 連 法 規 編＝税理士法／討議資料・財務会計の概念フレームワーク 他

■中央経済社■